도전과 변화의 한미정치

미국학총서 XI
도전과 변화의 한미정치: 과정과 이슈

펴낸곳 서울대학교출판문화원
펴낸이 오연천
지은이 이재묵 서정건 유성진 윤광일 정회옥

초판 1쇄 인쇄 2014년 5월 16일
초판 1쇄 발행 2014년 5월 20일
출판등록 제15-3호

주소 151-742 서울 관악구 관악로 1
대표전화 02-880-5252 **팩스** 02-888-4148
마케팅팀(주문상담) 02-889-4424, 02-880-7995
이메일 snubook@snu.ac.kr
홈페이지 www.snupress.com
영문 홈페이지 eng.snupress.com

ISBN 978-89-521-1614-7 94340
978-89-521-1106-7 (세트)

이 저서는 2013학년도 서울대학교 미국학연구소 총서 사업의
지원을 받아 수행된 연구 결과물임.
This work was supported by Seoul National University
(American Studies Institute Publication Series).

미국학총서 XI

도전과 변화의 한미정치

과정과 이슈

이재묵 · 서정건 · 유성진 · 윤광일 · 정회옥

서울대학교출판문화원

Politics of Korea and the United States: Challenges and Changes

Jae Mook Lee

Jungkun Seo

Sung-jin Yoo

Kwang-Il Yoon

Hoi Ok Jeong

Seoul National University Press

서문

2013년 한미동맹 체결 60주년을 맞았다. 지난 1953년 한미상호방위조약이 체결된 후 유지되고 있는 한미 간의 동맹관계는 동아시아 정세와 남북관계뿐만 아니라 한국의 정치·사회 전반에 걸쳐 막대한 영향력을 행사해 왔다. 두 나라의 동맹관계는 시대에 따라 일부 부침이 있었지만 지속적으로 강화되어 왔으며, 군사안보 분야를 넘어서 정치·경제·사회적 측면에서도 다양한 교류 협력을 보여 주는 단계로 성장해 왔다. 이에 따라 이 책에서는 한미동맹 체결 60주년을 맞아 양국의 관계에 대한 학술적 분석을 시도하였다. 특히 이 책은 한미관계의 여러 측면 중에서도 정치과정에서의 핵심 영역과 주요 이슈를 다루고 있다.

미국정치는 한국정치와 여러 가지 측면에서 흥미로운 유사점과 차이점을 갖고 있다. 이 책은 한미 양국의 정치과정에서 핵심 영역과 이슈에 대한 심도 깊은 비교 분석을 실시하여 양국의 유사점과 차이점을 조명하고자 하였다. 이를 통해 한국정치와 미국정치에 대한 새로운 이해를 창출해 내는 것이 이 책의 핵심적인 목표 가운데 하나였다. 또한 미국정치에 대한 구체적인 분석을 통해 한국적 상황에 대한 함의를 도출해 내고 한국정치의 발전에 도움이 되는 실질적인 해법을 모색하는 것도 이 책의 집필 목표 가운데 하나였다. 역사적으로 한국정치는 미국정치의 영향을 많이 받아 왔으므로 미국정치가 겪고 있는 경험은 한국정치의 발전을 위해 반면교사로 적극 활용될 수 있을 것이다.

이러한 목표 아래 이 책은 한미정치를 세 가지 영역과 두 가지 이슈로 구분하여 살펴보았다. 현대 민주정치에 있어 필수불가결한 정당, 의회, 사회운동이라는 세 영역에서 한국과 미국을 비교 분석하고, 한국과 미국에서 동시에 큰 관심을 받고 있는 두 중요 이슈인 복지 이슈와 이민 이슈에 대해 양국 간의 차이점과 유사점을 탐색하였다.

한미 비교의 첫 번째 영역인 정당의 경우, 양국은 정당 양극화라는 동일한 현상을 경험하고 있다. 미국의 경우 양당체제의 전통 속에 공화당은 보수, 기업 위주 정책 그리고 민주당은 진보와 자유라는 뚜렷한 정책적 차이를 유지하고 있었다. 그러나 1970년대 말부터 소위 기독교 보수주의자들이 공화당을 장악함에 따라 공화당의 우경화가 계속되어 양극화가 심화되고 있는 상황이다. 미국에서는 공화당이 이념적으로 더욱 오른쪽으로 경화되어 정당 양극화가 초래되었다면, 한국의 경우 또 다른 양상의 정당 양극화가 진행되고 있다. 바로 거대 야당인 민주통합당의 좌경화 현상이라 할 수 있다. 민주통합당은 창당 과정에서 경제민주화와 복지국가, 노동의 가치 존중을 지향하며 좌클릭했고 진보정당과도 연대한 바 있다. 지난 2012년 대선에서 민주통합당이 패배한 후 지나친 좌편향에 대한 우려가 높아졌으며, 이에 대한 반성으로 중도개혁을 지향하는 목소리가 나오고 있다. 우경화한 미국의 공화당과 좌경화한 한국의 민주통합당 모두 대선에서 패배했다는 유사점은 한국과 미국의 정당 양극화 현상에 대한 보다 심도 깊은 비교 분석의 필요성을 제기한다. 이러한 문제의식 아래서 1장에서는 한미 양국에서 나타나고 있는 정당 양극화 현상을 엘리트 수준 정당(party in the government)과 유권자 수준 정당(party in the electorate)에서 각각 비교하여 살펴보았다. 분석 결과 한미 모두에서 정당 양극화는 유권자 집단보다는 정치 엘리트를 중심으로 전개되었음을 알 수 있었다. 물론 미국 유권자 수준에서는 정치적 양극화 증대가 약하게 나타났지만 그 정도는 결코 미국 정치 엘리트 수준의 변화에는 미치지 않았으며, 한국 유권자 수준의 정당 양극화는 2000년대 이후 오히려 다소 감소해 왔다는 것이 저자의 해석이다.

한미 비교의 두 번째 영역은 의회로, 한미 양국은 유사한 양극화 현상을 경험하고 있다. 미국 의회는 '큰 정부인가, 작은 정부인가?'라는 공화당과 민주당의 이념적 기조 아래 부자 증세와 감세, 국민의료보험제와 의료보험 민영화, 이민과 반(反)이민 등으로 갈려 적정선에서의 타협이 어려운 상황을 거듭 맞고 있다. 한편 한국 의회는 2012년 국회선진화법을 가까스로 통과시켰는데, 이 법은 직권상정 요건을 강화하는 대신 신속처리제도와 필리버스터(fillibuster)를 도입해 의안 처리의 효율성을 높이고 소수당은 몸싸움 대신 토론으로 의사진행을 방해할 수 있도록 하는 것을 핵심으로 하고 있다. 의회 내에서 갈등이 극에 달했음을 반증하는 이 법은 도입된 지 1년 만에 개정 여부를 두고 다시금 의회 내에서 충돌이 빚어지고 있다. 2장에서는 미국 의회정치의 양극화 전개 과정을 역사적 맥락을 통해 살펴보고, 양극화 요인들을 정치과정과 제도 차원으로 나누어 설명하였다. 그리고 미국의 의회 양극화와 대통령제 사이의 역학관계에 대해 고찰하고 한국 국회의 양극화 현상에 대한 비교정치학적 이해를 소개하였다. 저자는 미국의 의회 양극화가 단순히 의원들의 표결대립이나 이념갈등만으로 설명될 수 있는 현상이 아니라고 파악한다. 하원과 상원 공히 1970년대 말 이후 양극화를 경험하고 있고, 특히 남부 출신 의원들이 더욱 첨예한 양극화 행태를 보이기 때문이다. 현역 의원들도 시간이 갈수록 점차 양극화된 입법활동과 표결양상을 드러내고 있어서, 미국 의회 양극화의 원인과 과정을 다양한 관점(선거구 재조정, 유권자 재배열 및 정당 활동가, 의회제도 등)을 통해 고찰해 보는 것이 필요하다는 주장이다. 의회정치의 양극화는 더욱이 한국과 미국 모두 뉴미디어 정치 시대를 만나면서 트위터, 페이스북, 유튜브 등 소셜미디어(social media)를 통해 갈등이 과거보다 더 쉽고 빠르게 증폭되는 양상을 보이고 있어 이념적 측면과 소통적 측면 모두 의회 양극화를 완화시키기에는 불리한 환경을 제공하고 있다고 저자는 말한다. 미국 뉴딜 시대의 적극적 정부 리더십에 대한 신뢰마저 현대 미국과 한국에서는 찾아보기 어렵다는 데에 더욱 근본적인 문제가 있다는 것이 저자의 결론이다.

이 책에서 다루는 한미 비교의 세 번째 영역은 사회운동이다. 최근 한미 양국은 시민사회와 국가의 관계를 분석하는 데 있어서 의미 있는 사회운동의 사례를 동시에 제공해 주고 있다. 먼저 미국의 경우 좌파의 풀뿌리 시민운동이라 볼 수 있는 '월가점령대운동(Occupy Wall Street movement)'과 2009년 등장한 후 미국 정가에 지각변동을 가져온 보수 우파의 풀뿌리 시민운동인 '티파티운동(Tea Party movement)'이 그것이다. 미국의 월가점령대운동과 티파티운동은 2008년 한국의 촛불집회와 상당한 유사성을 갖는다. 두 국가에서 일어난 사회운동들은 배경과 운동 지형의 차이 등으로 인해 규모나 파급력에서 일정한 차이를 보이지만, 강력한 투쟁력이나 기존의 프레임을 뛰어넘는 창조적 투쟁 방식 등은 양국에서 벌어진 사회운동이 공유하는 자산이다. 또한 이들 운동 세력이 확산되는 데 인터넷과 소셜미디어가 일정한 역할을 했다는 점도 공통적이다. 3장에서는 새로운 사회운동이 공통적으로 제도정치권에 대한 불신에서 등장하였고, 운동의 참여자들의 높은 정치적 관심과 효능감을 기반으로 대의제 민주주의 작동방식의 변화를 촉구하면서 활성화되었다고 평가하고 있다. 기존의 사회운동과 비교할 때, 새로운 사회운동이 갖고 있는 가장 큰 차이점은 운동의 권력구조와 의사결정과정의 양상에서 찾을 수 있는데, 소통과 교류를 중시하는 수평적 네트워크 구조, 동원보다는 구성원들의 자발적인 참여를 통한 협의 중심의 의사결정과정은 새로운 사회운동의 가장 특징적인 모습이라는 것이다. 그러나 이념과 당파성이라는 측면에서 촛불집회와 월가점령대운동의 참여자들은 티파티운동의 참여자들과 차이를 보였고, 참여자들의 사회경제적 특성, 특히 연령이라는 측면에서 운동 간에 차이가 두드러졌다고 저자는 분석한다. 또한 운동 과정에서 제기되는 이슈에서도 촛불집회와 월가점령대운동이 정치, 경제, 사회, 문화 등 다양한 이슈를 제기한 반면, 티파티운동은 주로 연방정부의 재정 문제와 경제 이슈에 집중하여 사회운동에서 한미 간에 흥미로운 차이가 존재함을 보여 주었다.

이 책의 2부에서는 이슈별로 한국과 미국을 비교 분석하였다. 첫째 이슈인 복지는 한미 양국에서 중요한 화두이다. 한국의 경우 2012년 총선과 대선에서 복지가 주요한 이슈로 떠올랐다. 상대적으로 복지에 인색했던 보수세력인 새누리당이 복지 이슈를 선점하자 민주당 등 진보세력도 '원조 복지세력'을 자처하며 앞다투어 복지 담론에 뛰어들었다. '성장'에 초점이 맞춰졌던 과거와 비교할 때 이는 무척 흥미로운 현상이다. 미국에서도 복지가 중요한 사회 이슈이지만 미국은 복지의 강화보다 복지를 축소하자는 논의가 더욱 거세다는 점에서 한국과 흥미로운 대조를 이룬다. 일례로 민주당 오바마 대통령이 100년 만에 성공시킨 보건의료개혁에 대해 공화당을 중심으로 한 보수세력의 반대가 만만치 않았다. 보수세력은 보건의료개혁이 세금부담을 높일 것이라고 주장하면서 미국이 유럽식 사회민주주의 국가로 전락할 수 있다는 우려를 확산시키고 있다. 이에 4장에서는 복지자본주의 유형 변화의 갈림길에 서 있는 한국의 복지체제와 상대적으로 유사하다는 실증적 평가를 받고 있는 한편, 한국이 지향 또는 지양해야 할 복지체제로 이념적 정향에 따라 상반된 규범적 평가를 받고 있는 미국의 복지체제에 대해 분석하였다. 저자는 한미 복지체제의 유사성에 대해 살펴본 후 미국의 복지제도를 소개한다. 다음으로 미국 복지체제의 저발전을 설명하는 주요 이론으로 권력자원이론, 신제도주의, 그리고 정치문화적 접근에 대해서 살펴보고 미국 복지체제 분석을 통해 얻을 수 있는 한국 복지체제에 대한 시사점을 검토하였다.

마지막으로 5장에서는 이민 이슈를 다루었다. 미국은 전통적으로 성공적인 이민자 국가인 반면 한국은 순혈주의를 강조하는 단일민족국가이다. 그러나 현재 양국 모두 이민 문제가 큰 사회 문제로 대두되고 있는 사회 변화를 겪고 있다. 미국은 불법 이민자 수가 천만 명을 넘어서고 있으며 이민 문제를 둘러싼 연방정부와 주정부 간의 갈등 및 공화당과 민주당의 갈등이 심화되고 있는 실정이다. '용광로(melting pot) 사회'를 지양하고 '샐러드 볼(salad bowl) 사회'를 향해 나아가고자 했던 미국은 최근 불법 이민 문제, 반이민 정서, 경제침체, 공화당과 민주당 간의 의견차이 등으로 인해 포괄적인 이민개혁에 거듭 실패하고 있다. 한편 순혈주의와 단일민족으로서의 자부심을 강조하던 한국은 외국인 노동자의 유입과 결혼 이주 여성의 증가로 다문화사회로의 급격한 변화를 겪고 있다. 이민자로 이루어진 국가와 단일민족국가라는 대조되는 뿌리를 갖고 있는 한미 양국이 21세기에 들어와서 어떠한 과정을 거쳐 이민 국가로의 유사한 변모를 겪고 있는지 심도 깊은 비교 분석을 통해 다문화사회로 슬기롭게 전환하기 위한 해법을 찾고자 시도하였다.

이 책은 한국과 미국을 비교한다는 큰 분석틀에서 각 연구자가 자유롭게 수행한 연구 결과를 엮은 것이다. 따라서 각 장의 구성체계가 다소 통일성이 떨어지는 측면이 있음을 인정한다. 어떤 독자는 한국과 미국을 비교하는 방식에서 차이가 있다는 느낌을 받을 수도 있을 것이다. 그러나 연구자 개개인의 다양한 시각과 관점에서 한국과 미국의 정치과정을 비교 분석함으로써 보다 풍부한 설명을 제공하려고 했다는 점에서 이 책의 의미를 찾을 수 있다. 또한 이 책은 정당, 의회, 사회운동, 복지, 이민 문제에만 초점을 맞추고 있다는 한계도 있다. 현재 한미정치에는 이 외에도 다른 여러 쟁점들이 공존하고 있다. 대통령제, 동성애, 낙태, 환경 이슈 등이 좋은 예가 될 것이다. 향후 후속 연구를 통해 이 책에서 미처 다루지 못한 한국과 미국의 다양한 측면에 대한 비교 분석 작업의 기회가 주어지기를 희망해 본다.

이 책을 구상하고 저술하는 데 있어 많은 분들의 도움이 있었다. 한미 비교라는 분석틀과 구체적인 쟁점 선정 등 이 책의 탄생에 있어 큰 역할을 하신 중앙대학교 손병권 교수님께 깊이 감사드린다. 또한 책의 저술 및 탈고, 출판 등에 있어 적극적인 도움과 격려를 주신 서울대학교 미국학연구소의 이옥연 소장님께도 감사드린다. 부족한 점이 많지만 미국정치를 통해 한국정치를 바라보고 또 한국정치를 통해 미국정치를 바라보고자 한 이 책이 한미정치에 관심 있는 독자들에게 조금이나마 도움이 되었으면 하는 바람이다.

2014년 3월

필자들을 대신하여

정회옥

차례

표 차례

그림 차례

| 1부 |

영역별 한미 비교 분석

1장

정당 양극화를 통한 한미 정당 비교

이재묵

1. 서론

한국뿐만 아니라 미국에서도 양극화는 중요한 정치적 화두로 자리 잡고 있다. 최근 한국의 경우 자유무역협정(FTA) 체결 찬반 논란, 제주도 해군기지 건설 문제, 미디어법 개정 및 종합편성채널(종편) 사업자 선정 과정에서의 갈등, 천안함 사건의 원인에 대한 논란, 무상급식과 반값등록금 찬반 문제 등 많은 사회·정책 이슈를 둘러싼 첨예한 갈등과 대립이 비단 정치인뿐만 아니라 시민 유권자 수준에서도 심심찮게 관찰되었다. 태평양을 넘어 미국의 경우에도 부시 정권하의 이라크 전쟁의 정당성을 둘러싼 대립, 오바마 대통령이 야심차게 추진한 건강보험개혁(health care reform)을 둘러싼 찬반 논란, 동성 결혼, 낙태 허용 문제 등 주요 사회 쟁점 사안을 둘러싼 사회 갈등, 그리고 2011년 의결된 예산통제법(Budget Control Act)을 둘러싼 정쟁 등 이루 다 언급할 수 없는 많은 사안에 대한 첨예한 정파적 대립(partisan conflict)을 연출하고 있다.

이념적·정치적 양극화에 대한 학문적 논의는 한미 두 나라에서 현재 활발하게 진행 중인데, 특히 미국에서의 정치적 양극화에 대한 연구는 엘리트 수준 정당(party in the government)과 유권자 수준 정당(party in the electorate)으로 구분하여 전개되어 왔다(Fiorina and Abrams 2008; Hetherington 2009; Layman et al. 2006). 그런데 미국정치를 연구하는 많은 학자들은 엘리트 수준에서 지난 수년 동안 이념적 양극화(ideological polarization)가 더 심화되어 왔다는 사실에 별 다른 이견(異見)을 보이지 않으나, 이념적 양극화가 과연 유권자 수준으로까지 확대되어 나타나는가에 대해서는 여전히 논쟁을 계속하고 있다(Abramowitz 2011; Abramowitz and Saunders 2008; Fiorina et al. 2006; Fiorina and Abrams 2009). 한국의 경우에도 이내영(2011)은 한국사회의 이념 양극화 분석을 국회의원을 중심으로 한 정치 엘리트 수준과 일반 국민 수준으로 나누어 살펴보았다. 이 연구에 따르면 미국에서의 경험과 유사하게 최근 한국사회에서 심화되고 있는 이념갈등은 정당 소속 의원들로 대변되는 정치 엘리트 사이에서는 잘 관찰되지만, 일반 국민 수준에서의 양극화는 주목할 만한 정도는 아니라는 경험적 분석을 제시하고 있다.

대의제(representative system) 아래서 민주적 선거를 통해 선출된 정치 엘리트는 유권자의 정책적 선호를 반영해야 하기 마련이다(e.g., Mayhew 1974). 그뿐만 아니라 정당의 이념과 정책 선호가 일반 시민, 특히 특정 정당 지지자들의 이념적 태도와 여론 형성에 영향을 미칠 가능성도 높은 것으로 알려져 있다(e.g., Zaller 1992). 이런 점에서 보면 정치 엘리트들 간의 심화된 양극화에 상응하는 수준의 양극화가 일반 유권자들 사이에 존재하지 않는다면, 이는 달리 보면 대표자(representative)와 유권자를 선거로 매개해 주는 대의제 민주주의의 위기라고도 할 수 있을지 모른다. 특히 일반 시민들의 이념적 양극화가 그다지 뚜렷하지 않다고 주장하는 입장에서 보면(예를 들어 피오리나(Morris Fiorina)와 공저자들], 이러한 이념적 양극화를 중심으로 한 유권자와 대표자 간의 분절(disconnect) 현상은 곧 미국 대의제 민주주의 체제의 붕괴를 의미할 수도 있다(Fiorina and Abrams 2009).

물론 그렇다고 해서 피오리나와 동료들이 정치 엘리트들의 첨예화된 양극화에 대응하여 미국 유권자 수준에서 어떤 변화도 감지되지 않는다고 주장하는 것은 아니다. 그들은 이념 양극화 대신에 당파성(partisanship)에 따른 정당 재배열(party sorting)이 유권자 수준에서 증대되고 있는 현상에 주목한다. 여기서 유권자의 당파성에 따른 정당 재배열이란 미국 유권자들의 정당일체감(party identification)과 그들의 이념적 태도 간의 증대된 상관성(correlation)을 의미한다. 즉, 과거에 비해 공화당 지지자들은 이념적으로 보수적인 입장을 취하고, 민주당 지지자들은 이념적으로 진보적인 태도를 취하는 경향이 증대되었음을 뜻한다. 그런데 여기서 또 하나의 문제는 이러한 당파성에 따른 이념적 선호의 일관성 증대를 과연 유권자 간 이념적 양극화의 증거로 간주할 수 있는지의 여부이다. 예를 들어 에이브라모위츠(Alan I. Abramowitz)나 제이콥슨(Gray C. Jacobson)은 피오리나와 그의 동료 연구자들이 '정당 재배열(party sorting)'이라는 표현을 사용함으로써 그들 스스로 찾아낸 유권자 수준에서의 증대된 정파적 양극화(partisan polarization)의 증거들을 애써 외면하고 있다고 비판한다(Abramowitz 2006; Jacobson 2006). 피오리나 등에 따르면 양극화란 본디 이념적 중도 계층(ideological center)의 눈에 띄는 감소가 관찰되어야 하는데, 미국 유권자의 이념 분포는 과거와 비교해 볼 때 여전히 두터운 이념적 중도 기반을 나타내기 때문에 일반 시민 수준의 이념적 양극화는 크게 심화되지 않았다고 주장한다(Fiorina et al. 2006; Fiorina and Abrams 2008, 2009).

정치적 양극화를 바라보는 학자들 간의 이러한 인식 차이를 토대로 이 글에서는 정치 및 정당 양극화(political or party polarization)와 이념적 양극화(ideological polarization)를 개념적으로 구분하여 접근한다. 여기서 정치적 양극화 또는 정당 양극화는 소속 정당(엘리트 수준)이나 지지 정당(유권자 수준)에 따라 구성원 간에 이념적 차이(혹은 거리)가 증대되는 현상을 일컫는다. 반면 이념적 양극화는 엘리트 및 유권자 수준 모두에서 전체 구성원의 이념 분포에서 중도 세력의 감소(disappearing center)와 태도의 급진화(attitudinal radicalization)가 현상적으로 수반되는 것을 말한다. 따라서 각 정파의 구성원 간에 이념적 차이가 증가하여 정치적 양극화가 증대되었다고 할지라도 그것이 반드시 전체 구성원 사이에 이념적 양극화가 증가했음을 의미하는 것은 아니다.

이 연구의 목적은 한국과 미국에서 나타나고 있는 정당 양극화 현상을 엘리트 수준 정당(party in the government)과 유권자 수준 정당(party in the electorate)에서 각각 비교하여 살펴보는 데 있다. 이에 따라 우선 미국의 정치 엘리트와 유권자 수준에서 나타나고 있는 정당 양극화를 경험적으로 분석한다. 미국의 정당 양극화 분석에 이어서 한국의 국회의원과 유권자 수준에서 나타나고 있는 정치적 양극화를 살펴보고, 끝으로 두 나라의 정당 양극화에 대한 주요 분석 결과를 비교할 것이다.

2. 미국의 정당 양극화

1) 미국 하원을 통해 본 정치 엘리트 수준의 정당 양극화

여기에서는 미국 하원 구성원들의 이념적 선호에 대한 시계열 자료의 분석을 통해 정치 엘리트 수준의 정당 양극화를 살펴본다. 이 연구에서는 정치 엘리트 수준의 정당 양극화 분석을 위해 상원이 아닌 하원에 대한 분석을 제공하는데, 이는 양원(two chambers) 중 하원이 그 성격상 지역구와 유권자의 선호에 더 민감하게 반응하는 것으로 알려져 있기 때문이다. 실제로 변화하는 정치 환경에 더 민감한 하원의 제도적 특성으로 말미암아 학자들은 엘리트 수준의 양극화 연구에서 상원보다는 하원에 더 많은 관심을 할애해 왔다. 그러나 상원에서 보이는 양극화의 전개는 비록 하원에서의 흐름보다 다소 더딜지는 몰라도 두 의회에서 보이는 양극화 패턴이나 정도는 아주 유사하며 높은 수준의 상관관계를 나타내는 것으로 알려져 있다(Lee 2008; Theriault 2008; Theriault and Rhode 2011).

이 연구에서는 미국 하원에 나타난 정당 양극화 양상을 분석하기 위한 경험적 자료로 풀(Keith T. Poole)과 로젠탈(Howard L. Rosenthal) 등이 개발한 DW-NOMINATE 지수를 활용하는데, 이는 미국 정치학계에서 미국 의회 구성원들의 이념지표를 측정할 때 가장 빈번히 사용되고 있다.[1] DW-NOMINATE 지수는 상하 양원의 구성원들이 참여한 모든 호명투표(roll-call vote) 행위에 대한 분석을 바탕으로 구성된 지표로서(-1: 가장 진보, 0: 중도, 1: 가장 보수), 정부의 경제개입에 관한 이념 성향을 나타내는 첫 번째 차원의 지표와 시민권 및 제반 사회문화적 이슈에 관한 두 번째 차원의 지표로 나누어 구성된다.[2] 이

---

1 DW-NOMINATE 지수 이외에 미국 의회 구성원의 이념적 선호를 측정하기 위해 사용되는 다른 지표로는 ADA(Americans for Democratic Action), ACU(American Conservtive Union) 등의 몇몇 이익집단들이 선별한 의회 쟁점법안 투표 결과에 대한 분석을 토대로 매년 발표하는 이념평가지수도 있다. 이들 이익집단에 의한 이념지표도 학자들에 의해 종종 사용되지만, 선별된 쟁점사안에 대한 투표결과만 분석하기 때문에 모든 호명투표 기록을 사용하는 DW-NOMINATE 지수가 더 널리 사용되고 있다.

2 DW-NOMINATE 지수에 대한 보다 자세한 논의 및 설명은 Poole and Rosenthal(2007) 또는 http://www.voteview.com/dwnomin.htm 참조.

두 차원의 DW-NOMINATE 지수 중에서 특히 첫 번째 차원의 이념 지표가 의회 내 정치적 양극화 수준을 분석하기 위해 더 빈번히 사용된다. 이는 두 번째 차원의 중요도가 시간에 지남에 따라 많이 쇠퇴했고, 1970년대 이후 시민권 관련 법안들에 대한 의원들의 투표행위가 많은 부분 첫 번째 차원의 지표로 설명이 가능해졌기 때문이다. 실제로 1964년 공민법(Civil Rights Act)의 통과와 함께 미국 내 소수인종의 권익에 관한 많은 정책 사안들이 사실상 복지 및 재분배의 문제로 귀착되었고, 이런 배경에서 오늘날 미국 의회 구성원들의 투표행위는 사실상 첫 번째 차원에서 진행되고 있다고 해도 과언이 아니다(Poole and Rosenthal 2007; McCarty et al. 2006).[3]

〈그림 1-1〉은 진보(liberal, -1)-중도(moderate, 0)-보수(conservative, 1)의 척도에 기반을 둔 첫 번째 차원의 DW-NOMINATE 지수를 사용하여 미국 하원의 정치 엘리트 수준에서 관측되는 정당 양극화의 추이를 분석한 것이다. 이 그림은 80차 의회(1947. 1-1949. 1)부터 비교적 최근에 종료된 112차 의회(2011. 1-2013. 1)까지의 자료를 토대로 구성한 것인데, 회기가 현재에 가까워질수록 민주당 의원들의 이념 지표는 점차 보다 진보적 성향으로 움직여 왔으며, 공화당 의원들의 경우 시간에 따른 보수화의 정도가 좀 더 눈에 띄는 것이 특징이다.

공화당과 민주당 간의 정당 양극화는 두 집단의 회기당 이념적 선호 평균의 차이로 산출되었는데, 양당 간 이념적 거리는 80차 의회 이래로 점차 증가해 오다가 96차 의회(1979. 1-1981. 1)를 기점으로 크게 증가하는 것을 확인할 수 있다. 이처럼 정당 양극화가 심화되기

3 폴과 로젠탈에 따르면, 비교적 최근에 종료된 112차 미국 의회(상원과 하원)에서 행해진 의원 호명투표의 약 93%가 첫 번째 차원의 이념 지표로 설명 가능하다(http://www.voteview.com/political_polarization.asp).

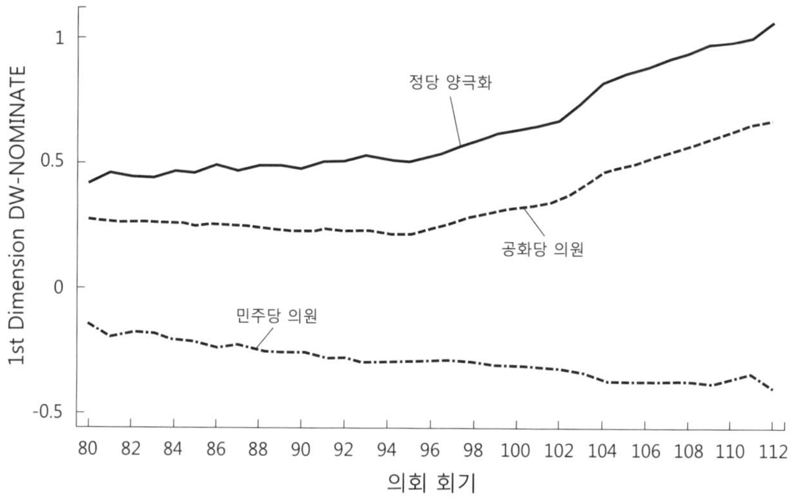

〈그림 1-1〉 정치 엘리트 수준에서의 미국 정당 양극화

출처: DW-NOMINATE Score developed by Poole and Rosenthal (voteview.com).

시작하는 1980년 전후가 의미하는 바는 여러 가지 측면에서 살펴볼 수 있다.

첫째, 1970년대는 미국 의회개혁의 시대로 알려져 있는데, 주지하다시피 20세기가 시작된 이래 1970년대까지 의회는 상임위원장을 중심으로 움직였으며, 상대적으로 정당 지도부나 의원 총회(party caucus)의 영향력은 강하지 않았다(Rohde 1991; 가상준 2006). 그러다 1970년대 이루어진 의회개혁으로 인해 상임위원장의 권한은 상대적으로 축소되고, 정당 지도부의 권한이 강화되기 시작했다. 이 같은 정당 지도부 및 조직의 강화는 결국 점차적으로 새로운 인물을 충원하는 데 있어서 정당 및 지도부의 이념적 선호를 충족시키는 방향으로 진행되었고, 이것이 결국 개별 정당의 당파성을 강화시키고 미국 의회의 정당 양극화를 촉진했다고 볼 수 있다.

둘째로, 1970년대의 의회개혁을 주로 진보적 성향을 띠는 북동부 출신의 민주당 신진 의원들이 주도했다는 것이다(Rohde 1991). 진보적 성향의 북동부 민주당 의원들은 전통적 보수 성향의 남부 민주당 중진 의원들과 정책을 두고 사사건건 대립하였고, 당시 다선우대주의(seniority rule)에 기반해 주요 상임위원회의 자리를 차지하고 있던 같은 당 소속 선임 의원들의 권한을 제한하기 위해 의회제도개혁을 주도했다. 결국 1970년대 이후 전통적인 민주당의 텃밭이었던 미국 남부의 많은 민주당 의원들이 보수적 성향의 공화당 의원들로 교체되었고, 남부에서의 이러한 정당체제개편(party realignment)으로 말미암아 미국 정치 엘리트 수준의 정당 양극화는 한층 가속되기에 이른다(Theriault 2006, 2008; 가상준 2006).

끝으로 1980년 선거에서는 강한 보수주의 개혁 드라이브를 토대로 등장한 공화당 소속의 레이건(Ronald Reagan)이 대통령에 처음 당선된 시기다. 1980년대 레이건 대통령의 등장을 시작으로 1994년 의회선거에서 공화당의 승리를 주도했던 깅그리치(Newt Gingrich)의 부상, 그리고 2000년대 부시(George W. Bush) 대통령의 등장까지 당파성이 짙은 정치적 지도자의 출현은 1980년 이후 미국 정치 엘리트 사이에서 전개된 정당 양극화의 심화를 설명해 주는 또 다른 주요 요인일 것이다. 흥미로운 점은 위의 3명이 모두 공화당 출신이라는 사실이며, 〈그림 1-1〉에서 한 가지 주목할 만한 사실은 민주당 소속 의원들이 보인 진보적 방향으로의 이념적 급진화보다는 공화당 의원들의 극단적 보수화가 미 하원에서의 정당 양극화를 더 강하게 이끌고 있다는 점이다.

2) 미국 연방선거 여론조사(ANES) 분석을 통해 본 유권자 수준의 정당 양극화

정치 엘리트 수준에서 나타난 미국의 정당 양극화 분석에 이어, 여기서는 과연 미국 의회 구성원 사이의 증대된 정당 양극화 수준에 상응하는 변화가 유권자 수준에서도 나타났는가를 살펴본다. 미국 유권자들의 정당일체감(party identification)에 따른 이념적 위치의 차이를 경험적으로 측정하기 위해 본 연구는 1972-2008년 누적 미국 연방 선거 여론조사(Cumulative American National Election Studies(ANES), 1972-2008) 자료를 사용한다. 미국 유권자들의 정당일체감을 살펴보기 위해 ANES의 설문 중에 표준처럼 사용되는 7점 척도 문항(VCF0301)을 사용하되, 당파성의 강도(strength of partisanship)에 따른 태도의 차이를 구분하기 위해 지지 정당에 대한 충성도가 높은 유권자들을 따로 분류한 분석도 추가적으로 제공할 것이다.[4] 유권자의 이념적 선호를 측정하기 위해서는 ANES의 진보-보수 7점 척도를 사용한다. 응답자에게 자신의 이념 성향을 주관적으로 평가하도록 한 이 지수(VCF0803)는 1972년 ANES에 처음 소개된 이래로 유권자 이념 측정뿐만 아니라 단일 설문으로서 유권자 수준의 정당 양극화를 분석하는 데 가장 자주 활용되고 있다(Abramowitz 2011; Abramowitz and Saunders 2008; Fiorina and Abrams 2008 etc).[5]

---

4 유권자들의 정당일체감을 측정하기 위해 투표행태 연구에서 전통적으로 사용되는 ANES 문항(VCF0301)은 7점 척도로 1(강한 민주당 지지)-2(약한 민주당 지지)-3(민주당 성향의 무당파)-4(순수 무당파)-5(공화당 성향의 무당파)-6(약한 공화당 지지)-7(강한 공화당 지지)로 각각 나뉜다. 따라서 본 연구에서는 순수 무당파를 제외하고 민주당 및 공화당 성향의 무당파(independent leaners)를 포함한 정당일체감 분류를 이용한 이념 지표 분석을 실시하고, 추가적으로 두 당에 대한 강한 당파성을 표출한 두 그룹의 유권자들(위 척도의 1, 7 카테고리)에 대한 분석을 곁들인다.

5 ANES의 유권자 이념 지수(VCF0803)는 1(아주 진보)-2(진보)-3(다소 진보)-4(중도)-5(다소 보수)-6(보수)-7(아주 보수)의 7점 척도로 구성된다. 이 지수를 활용하여 유권자의 이념적 선호를 측정할 때 마주칠 수 있는 한 가지 중요한 문제는 과연 자신의 이념적 선호에 대해 모른다(Don't Know/Haven't Thought Much About That)고 응답한 경우를 결측값(missing values)으로 처리할 것인가, 아니면 또 다른 중도 계층(moderates)으로 간주할 것인가 하는 문제이다. 연구자에 따라 이 유권자 그룹을 순수 중도 계층에 포함

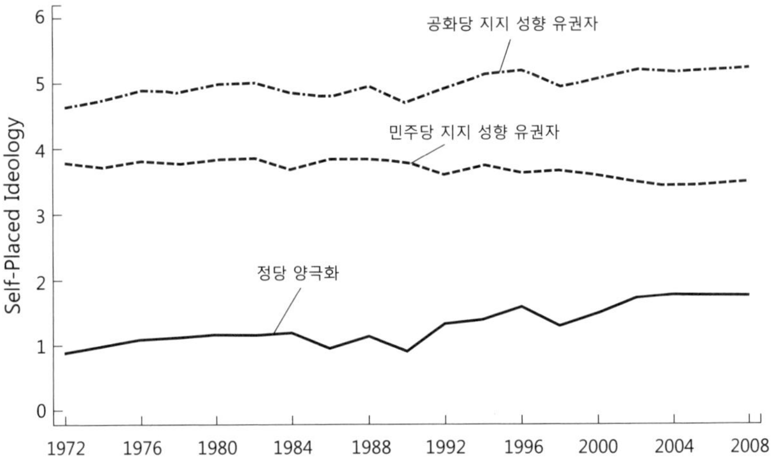

〈그림 1-2〉 일반 유권자 수준에서의 미국 정당 양극화

출처: ANES 누적 자료(1972–2008).

〈그림 1-2〉는 1972년 이래로 유권자들의 정당일체감에 따른 이념적 선호가 어떻게 변화되어 왔는지를 보여 준다. 두 점선 그래프는 각각 민주당과 공화당 지지 성향 유권자들의 이념적 선호의 해당 연도(ANES)별 평균을 나타내며, 실선 그래프는 두 정당 지지자들의 이념 지수의 평균 차이를 연도별로 계산하여 유권자 수준의 정당 양극화 추이를 보여 준다. 이 그림에 따르면 1980년대 후반 이후 정당일체감에 따른 유권자 이념 지표의 거리가 다소 증가하는 경향을 보이지만, 유권자 수준에서 바라본 정당 양극화의 이러한 증가 추세는 엘리트 수준의 양극화와 비교해 볼 때 그다지 두드러지지 않는다. 유권

시키기도 하지만(e.g., Fiorina and Abrams 2008), 본 연구에서는 이 그룹(Don't Knows)을 분석에서 제외하고, 순수하게 이념적 중도(moderates)라고 응답한 유권자들만을 중도 계층으로 분류하였다.

자 수준의 정당 양극화가 그다지 현저하지 않은 주된 이유는 특히 민주당 지지 성향 유권자들의 이념 지수 평균이 시간에 상관없이 비교적 일관되게 중도(4점)에 가깝게 위치하기 때문일 것이다. 실제로 민주당 성향 유권자들의 이념 지수 평균은 1972년의 3.77에서 2008년에는 3.48로 진보적 방향으로 오직 0.29만큼 움직였을 뿐이다. 대조적으로 같은 기간 동안 공화당 성향 유권자들의 이념 지수 평균은 변화 폭이 0.58로 민주당과 비교하여 약 2배 정도 큰 것으로 나타났다. 공화당 지지 성향 유권자들의 경우 1972년 조사의 4.64에서 2008년에는 5.22으로 이동함으로써 이들 유권자 그룹의 이념적 극단화 정도가 민주당 성향 유권자들의 변화 폭을 다소 앞서고 있다. 결국 유권자 수준의 정당 양극화 지수는 1972년의 0.87에서 2008년의 1.74로 0.87만큼 소폭 상승하였다.

〈그림 1-2〉에서는 당파성의 강도를 고려하지 않고 모든 유권자 그룹(강한 당파성, 약한 당파성, 그리고 당파 성향의 무당파)을 묶어서 유권자의 정당일체감을 살펴봤다면, 〈그림 1-3〉은 오직 강한 당파성(strong partisanship)을 나타내는 유권자 그룹을 따로 분류해 그들 사이에 존재하는 이념적 차별성을 분석한 것이다. 먼저 강한 민주당 지지 성향을 피력한 유권자 그룹의 이념 지수 평균은 1972년 조사의 3.45에서 2008년에는 3.37로 오직 0.08만큼 진보 성향으로 이동한 반면, 공화당에 강한 지지를 표명한 유권자 그룹의 이념 지수 평균은 같은 기간 동안 4.89(1972)에서 5.72(2008)로 0.83만큼 보수 성향을 더한 것으로 나타났다. 즉, 강한 당파성을 나타내는 유권자를 따로 분류할 때도, 민주당 지지 성향 유권자들의 이념적 급진화 정도는 상대적으로 미약한 반면에, 공화당 지지 성향 유권자 그룹의 극단화 정도는 비교적 두드러진 것으로 보인다(민주당과 비교하여 약 10배). 즉, 분석에 따르면 당파성이 강한 유권자 그룹 사이에서도 정당 지지 태도에 따른 유

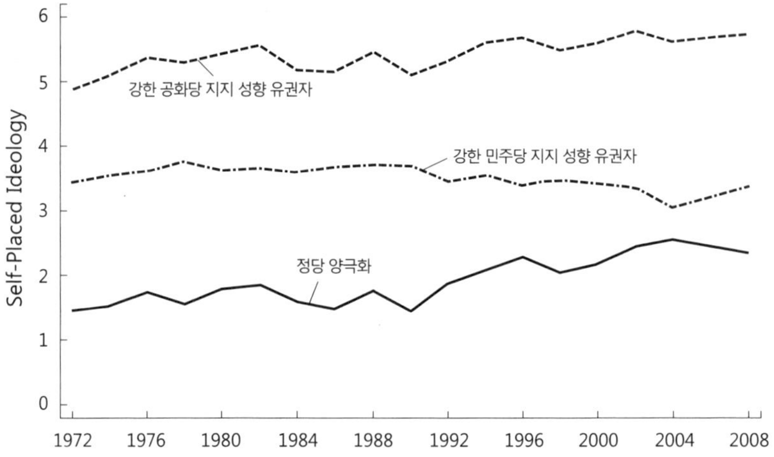

〈그림 1-3〉 당파성이 강한 유권자 수준에서의 미국 정당 양극화

출처: ANES 누적 자료(1972-2008).

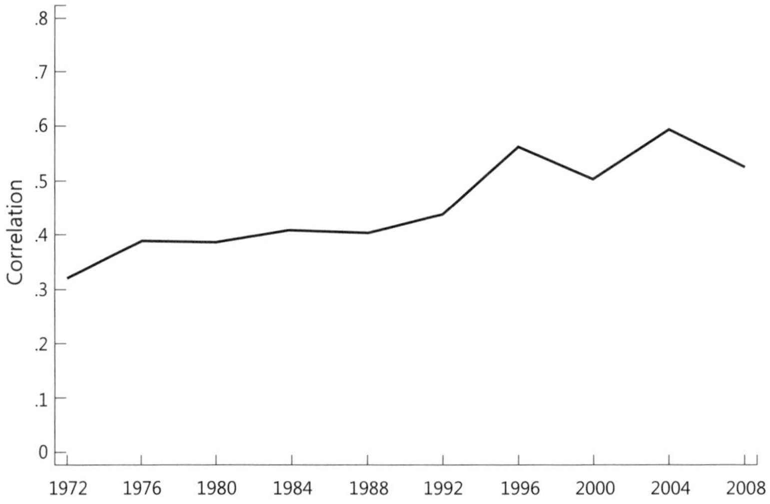

〈그림 1-4〉 개인의 정당일체감과 이념적 선호의 상관관계를 통해 본 미국 정당 양극화

출처: ANES 누적 자료(1972-2008).

권자들의 이념적 거리의 증대는 공화당 지지 성향의 유권자들이 주로 주도해 왔다고 보는 편이 적합할 것이다. 결과적으로 1972년의 1.44에서 2008년의 2.35로 당파성이 강한 유권자들 간의 정당 양극화 지수는 0.91만큼 증가했고, 이 수치는 전체 유권자 수준에서 정당 양극화를 분석한 〈그림 1-2〉의 0.87보다 다소 높으나 큰 차이를 나타내지는 않는다.[6]

끝으로 〈그림 1-4〉는 유권자 개인의 정당일체감(1: 강한 민주당 성향 … 7: 강한 공화당 성향)과 이념적 선호(1: 아주 진보적 … 7: 아주 보수적) 간의 상관관계가 어떻게 진화해 왔는지를 보여 준다. 정당일체감과 유권자 이념적 선호 간의 상관성 지수는 에이브라모위츠와 손더스가 미국 유권자들 사이에 증대되는 이념적 양극화 현상의 근거로 제시하는 자료이다(Abramowitz and Saunders 2008). 또한 동시에 피오리나와 그의 동료들은 이 지수를 대중 수준에서의 이념적 양극화의 근거라기보다는 이념-정당 재배열(party sort)을 나타내는 지표라고 주장한다(Fiorina et al. 2006; Fiorina and Abrams 2008, 2009). 이것이 과연 이념적 양극화의 한 경험적 증거인가 하는 논의를 차치하더라도, 한 가지 분명한 사실은 시간에 따라 증대되는 두 변수(정당일체감, 이념적 선호) 간의 상관성은 유권자 수준에서 나타나는 정당 양극화의 한 증거임에는 분명하다는 것이다. 왜냐하면 상관관계의 증가는 결국 시간이 지

6 지난 약 40년간 미국 유권자들 사이에 정당 양극화는 꾸준히 증가해 온 것으로 보이지만, 그럼에도 불구하고 피오리나 등의 학자들은 이것을 대중 수준에서 이념 양극화(mass ideological polarization)가 증대한 현상으로 파악하지 않는다. 왜냐하면 이념적 중도 계층의 비중(%)이 1972년 ANES 조사(26.87%)와 비교해 2008년(22.17%)에 현저하게 줄어들지 않았다고 보기 때문이다. 이런 이유로 피오리나와 에이브람스(S. Abrams)는 (정치학 혹은 사회과학에서) 양극화라는 단어는 '정파적, 지리적, 종교적' 등의 한정 수식어(clarifying modifier) 없이 등장해서는 안 된다는 논의를 더하기도 한다(Fiorina and Abrams 2008, 578, 각주 9 참조)

남에 따라 민주당 지지자들이 이념적으로 더 진보화되었다면, 공화당 지지 성향의 유권자들은 더 보수화되어 왔음을 의미하기 때문이다. 실제로 분석에 따르면 1972년의 0.32에서 2004년의 0.595로, 그리고 2008년의 0.525로 미국 유권자들의 정당일체감과 이념적 선호 간의 조응도(congruity)는 눈에 띄게 증가한 것으로 나타났다.

3. 한국의 정당 양극화

1) 국회의원 이념 성향 분석을 통해 본 정치 엘리트의 정당 양극화

여기에서는 정치 엘리트 수준의 한국 정당 양극화를 살펴보기 위해 국회의원들의 정책 이념 변화상을 분석한다. 중앙일보에서는 2002년(16대 국회) 이래 2012년(19대 국회)까지 4년마다 한국 국회의원들을 대상으로 이념 성향 조사를 시행하여 발표해 왔다. 비록 모든 국회의원을 대상으로 한 조사는 아니었지만, 그럼에도 2002년 238명, 2004년 229명, 2008년 268명, 그리고 2012년 224명의 국회의원이 참여하는 등 비교적 높은 조사 참여율을 보여 준다. 따라서 이 조사 자료는 정치 엘리트 차원에서 나타난 한국 정당 양극화의 수준을 시계열적으로 살펴보는 데 매우 유용한 척도를 제공해 준다고 할 수 있다.

〈그림 1-5〉는 중앙일보에서 실시한 국회의원 이념 성향 조사 자료를 사용하여 정당별 소속 의원들의 주관적 이념 성향의 평균값이 16대 국회에서부터 17대 국회와 18대 국회를 거쳐 19대 국회까지 어떻게 변화해 왔는지를 보여 준다.[7] 이념의 측정은 조사에 참여한 국

---

7 17대 국회의 경우 새천년민주당이 아닌 열린우리당 소속 의원들의 이념 평균치를 민주당 자료로 사용하였다.

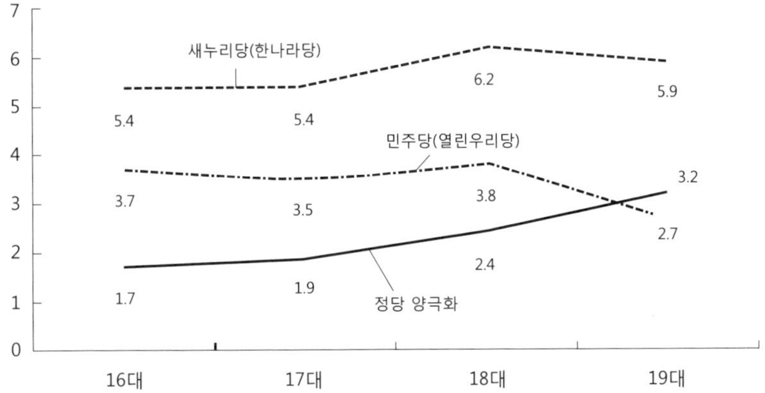

〈그림 1-5〉 정치 엘리트 수준에서 살펴본 한국 정당 양극화(주관적 이념 지수)

출처: 중앙일보 국회의원 이념 성향 조사(2012. 7. 23).

회의원들에게 0(가장 진보)부터 10(가장 보수) 사이에서 자신의 정책 이념 성향을 주관적으로 평가하도록 하였다. 가장 최근인 19대 국회에서 새누리당 소속 의원들의 이념 평균치는 5.9로 18대 국회의 6.2보다 0.3만큼 중도 쪽으로 이동한 것이 눈에 띈다. 그러나 새누리당 의원들의 약한 중도화 움직임에도 불구하고 18대 국회에서 19대 국회로 이동하면서 새누리당과 민주당 간의 이념 간극은 2.4에서 3.2로 더 벌어졌는데, 이는 더욱 강화된 민주당의 이념적 진보화에 기인한다. 실제로 민주당 소속 의원들의 정책 이념 평균치는 18대의 3.8에서 19대에는 2.7로 0.9만큼 진보 방향으로 이동하였다. 또한 두 주요 정당 간 이념 격차는 비단 18-19대 국회뿐만 아니라 16대 국회에서 19대 국회까지 꾸준히 증가(1.7 → 3.2)하였다. 특히 19대 국회를 거치면서 두 정당 간의 이념 격차가 처음으로 3점을 돌파했다는 것도 눈여겨볼 만하다. 이는 물론 이명박 정부 시기에 꾸준히 진행된 민주당의 급속한 이념적 진보화에 기인할 것이다. 중앙일보의 분석에 따르면 17대 국회 때만 해도 김진표 의원을 포함한 민주당 소속 의원 5명이 당시 한나라당의 이념 평균치(5.4)보다 높았고, 18대 국회에서도 군 장성 출신의 서종표 의원이 극단적인 보수 성향(6.9)을 드러냈으나, 19대 국회의 경우 민주당에서 가장 오른쪽에 자리 잡은 그룹은 4.7을 기록한 김영환, 임내현, 윤후덕 의원 등 3명에 불과하였다(중앙일보, 2012. 7. 23).

앞에서 우리는 국회의원들이 스스로 평가한 주관적 이념 성향의 정당별 평균값을 비교하여 새누리당(한나라당)과 민주당(열린우리당) 소속 의원들 사이의 이념적 격차가 증가하는 경향을 확인하였다. 그렇다면 구체적으로 어떠한 정책 현안을 중심으로 주요 정당 간 이념적 격차의 증대를 보였을까? 〈그림 1-6〉은 16대 국회부터 19대 국회까지 두 주요 정당 간 이념적 거리의 변화 추이를 경제 영역과 외교안보 영역으로 나누어 나타낸 것이다. 주지하다시피 경제 영역에서의 양당 간 이념적 격차는 16대 국회에서 18대 국회까지 점진적으로

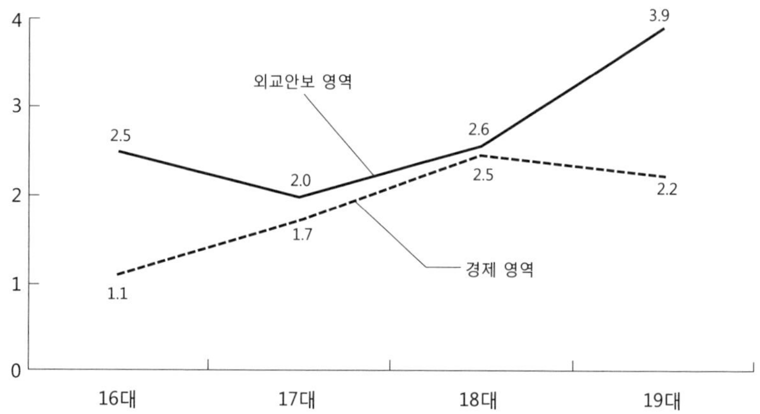

〈그림 1–6〉 정치 엘리트 수준에서 살펴본 한국 정당 양극화(정책 사안별)

출처: 중앙일보 국회의원 이념 성향 조사(2012. 7. 23).

증대되어 왔지만, 19대 국회에서는 18대 국회에 비해 0.3만큼 간극이 줄어들었다. 이는 경제 분야에서 새누리당의 이념적 위치가 18대 국회의 7.0에서 19대 국회 때 5.3으로 중도 쪽으로 급격히 방향을 선회했기 때문이다. 경제 영역에서 줄어든 이념적 격차와는 대조적으로 외교안보 영역에서 두 정당 간 이념적 격차는 18-19대 국회에서도 크게 증가했는데, 이 영역에서 두 정당 간 거리는 19대 국회에서 무려 4점에 육박하는 것으로 조사되었다. 외교안보 분야는 한국 정치에서 전통적으로 여야를 가르는 기준으로 작동해 왔는데, 〈그림 1-6〉에서도 외교안보 영역에 나타난 두 정당 간 이념 격차는 경제 영역에서의 차이에 비해 16대 국회에서 19대 국회까지 꾸준히 높게 나타났다.

2) 유권자 수준의 정당 양극화

이와 같이 한국의 정당 양극화는 정치 엘리트 수준에서 16-19대 국회를 거치면서 꾸준히 증가한 것으로 나타났다. 그렇다면 유권자 수준의 변화는 어떠할까? 여기에서는 2004년부터 2012년까지 주요 선거 기간에 수행된 한국사회과학데이터센터(KSDC)의 유권자 의식 조사 자료를 이용하여, 유권자들의 이념 성향이 그들의 정당 지지 성향과 연동하여 어떻게 변화해 왔는지를 살펴보기로 한다. 한국사회과학데이터센터에서 수행해 온 유권자 의식 조사는 2004년 이래 꾸준히 0(가장 진보)-10점(가장 보수)의 응답자의 주관적 이념 평가 문항을 설문 조사에 포함시켜 왔다. 또한 유권자 의식 조사에는 그들의 정당 선호도(혹은 지지도)를 파악할 수 있는 '가장 가깝게 느끼는 정당' 혹은 '가장 좋아하는 정당' 등에 대한 문항을 포함해 왔다.[8] 따라서 유

8 16대 총선(2000)의 경우 유권자 이념 성향을 3점 척도(1: 진보, 2: 중도, 3: 보수)로 평가

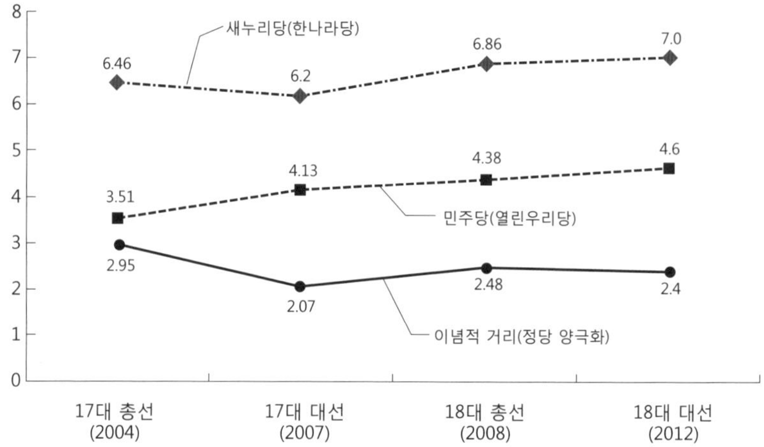

〈그림 1-7〉 유권자 수준에서 살펴본 한국 정당 양극화

출처: 한국사회과학데이터센터(KSDC) 유권자 의식 조사 자료(2004-2012).

권자 이념 성향 및 정당 선호에 관한 두 문항의 교차분석을 통해서 우리는 유권자 수준에서 나타난 한국 정당 양극화의 변이를 살펴볼 수 있다.

〈그림 1-7〉은 주요 정당 선호도(혹은 지지도)에 따른 유권자 그룹의 이념 성향 평균치와 그룹 간 격차를 나타낸 그래프이다. 2004-2012년 동안 새누리당(한나라당) 지지 성향 유권자들의 이념 평균은 중도 보수(6-7점)로 꾸준히 나타났고, 민주당(열린우리당) 지지 성향 유권자들은 보다 이념적 중도에 가까운 4점에서 5점 사이에 존재하

했으며, 16대 대선(2002) 자료의 경우 이념 관련 문항이 부재했다. 따라서 10점 척도를 도입해 꾸준히 사용하기 시작한 17대 총선(2004) 이후의 조사자료를 분석에 활용했다. 정당선호(지지)도 문항의 경우 오직 17대 대선에서만 '가장 좋아하는 정당'에 대한 문항이 포함되었고, 나머지 조사 자료의 경우 '가장 가깝다고 느끼는 정당'에 대한 문항이 조사에 이용되었다.

는 것으로 조사되었다. 다만 2004년 17대 총선 여론조사에서 열린우리당을 지지하는 유권자들의 이념 평균값이 3.51로 분석에 포함된 다른 해에 비해 진보적 성향이 다소 높게 나타났다. 이와 같은 열린우리당 지지자들의 진보적 성향 강화는 2002년 대선에서 노무현 대통령의 당선과 2004년 노 대통령 탄핵에 이은 17대 총선에서 진보세력의 정치적 약진이 소속 유권자들의 이념 성향에 영향을 준 것으로 평가된다. 그리고 그해(2004)에 두 정당을 각각 지지하는 유권자 그룹 간의 이념적 격차(정당 양극화, 평균차=2.95)가 다른 세 번의 조사에 비해 가장 높게 나타났다. 즉, 유권자 수준에서 관찰된 한국의 정당 양극화는 2004년이 가장 높았고, 그 이후로 2012년까지 다소 감소하거나 유사한 수준을 보이고 있다. 물론 이는 국회의원들을 중심으로 살펴본 정치 엘리트 수준의 정당 양극화가 비슷한 기간 동안 꾸준히 증가해 온 것과는 대조되는 현상이다.

4. 한미 정당 양극화에 대한 논의

지금까지 한국과 미국의 경험을 바탕으로 정당 양극화를 엘리트 수준과 유권자 수준에서 각각 살펴보았다. 주지하다시피 한미 양국에서 정당 양극화는 주로 유권자 집단보다는 정치 엘리트를 중심으로 전개되었다. 미국의 경우 공화당과 민주당에 대해 일체감을 갖고 있는 유권자들 간의 이념적 격차가 점진적으로나마 증대되어 왔지만, 한국의 경우 지난 10년간 유권자 수준에서의 정당 양극화가 증대되었다는 경험적 증거는 찾을 수 없었다. 유권자 그룹과 정치 엘리트 사이에서 찾아지는 이러한 정당 양극화 수준의 격차는 결국 정치적 양극화를 추진하는 원동력이 무엇인가에 관한 논제를 푸는 데 어떤 단서를 제공한다고 할 수 있다.

양극화의 원인을 둘러싼 인과방향(causal direction)의 규명은 한미 양국의 정치적 양극화 논의에서 중요한 학문적 의제라 할 수 있다(이내영 2011; 조성대 2007; Fiorina and Abrams 2008; Layman et al. 2006; Hetherington 2009). 즉, 의회 대표자들의 양극화가 유권자 수준의 양극화를 반영하는 것인지, 아니면 정치 엘리트들의 양극화가 일반 국민의 양극화를 유발하는 것인가에 관한 문제이다.

물론 두 가지 인과방향 모두 나름의 설득력 있는 이론적 근거를 갖고 있다. 먼저 대의제 민주주의 이론에 따르면 선거에서 선출된 대표자들은 자신들을 선택해 준 유권자들의 정책적 선호를 반영하기 때문에(Mayhew 1974), 만약 정치 엘리트들이 이념적으로 보다 양극화되었다면 그것은 어떤 형식으로든 유권자와 지역구민의 정책적 선호의 변화를 반영한 것일 수 있다. 한편 여론을 연구하는 학자들은 오랜 기간 동안 엘리트들이 제공하는 단서(elite cues)를 대중 수준의 여론 변화를 촉발하는 가장 중요한 인자로 여겨 왔다(Hetherington 2001; Carmines and Stimson 1989; Zaller 1992). 정치적 양극화 논의에 국한하여 인과방향에 관해 살펴보면, 먼저 미국 의회 양극화의 원인을 선거 지역구(constituency)의 사회경제적 환경 변화에서 찾는 연구들이 전자의 입장을 대변해 준다고 할 수 있다(Stonecash et al. 2003).[9] 이들의 논의에 따르면 유권자의 이동 등으로 선거구 수준에서 사회경제적·인구통계

9 미국 의회 양극화의 원인을 설명하는 접근은 크게 제도적 설명과 사회경제적 설명으로 나뉜다(Hetherington 2009; Theriault 2008). 제도적 설명은 미국 의회 내부에서 일어난 여러 가지 제도적 변화(정당 지도부의 권한 강화, 의원 총회의 영향력 증대, 선거구 조정 등)에 주목한다면(e.g., Carson et al. 2007; Rohde 1991), 사회경제적 접근은 유권자 선거구에서 발생한 다양한 사회경제적 변화를 중심으로 엘리트 수준의 양극화를 설명한다(e.g., Stonecash et al. 2003).

학적 동질화가 심화되었고, 이러한 변화는 지역구 내 정치적·이념적 선호의 동질화(그리고 지역구 간 선호의 이질화)로 이어져, 결국 이것이 정치 엘리트들의 양극화를 강화시켰다. 이 같은 논리적 설명은 또한 의회 구성원들의 호명투표(roll-call votes) 결과와 선거구 유권자들의 정책적 선호 사이에는 높은 상관관계가 지속적으로 존재했다는 경험적 사실에 의해 뒷받침되고 있다(Brewer 2005, 228). 한편, 대중에 대한 정치 엘리트의 영향력에 주목하는 후자의 설명은 엘리트 사이의 정파적이며 이념적인 갈등의 증대가 유권자 사이의 정파성(partisanship) 증대를 불러왔다고 주장한다(Brewer 2005; Hetherington 2001). 즉, 헤더링턴(Marc Hetherington)에 따르면, 정치 엘리트 수준에서 증대된 양극화가 두 정당의 이념적 위치에 대한 시민들의 인식을 명료화(clarify)시켜서, 대중 수준에서 정당의 중요성과 현저성(saliency)을 증대시켰다고 주장한다(Hetherington 2001).

정당 양극화의 인과관계를 규명하는 이 두 견해는 상반된다기보다는 상호보완적이라는 편이 더 적합할 것이다. 레이먼(Geoffrey C. Layman) 등은 이런 이유로 정당 양극화의 심화 원인에 대한 인과 문제는 근본적으로 닭과 달걀의 문제에 비유될 수 있음을 상기시킨다(Layman et al. 2006, 94). 그러나 이러한 근본적 상호보완성에도 불구하고, 어느 한 가지 인과방향을 골라야 한다면 그것은 엘리트 중심의 정치환경 변화인데, 레이먼 등은 이에 대한 세 가지 타당한 이유를 제시한다(Layman et al. 2006, 95-96). 먼저 새로운 정치적 이슈를 양산하는 데 있어서 정치 엘리트가 항상 일반 대중보다 중요한 역할을 담당해 왔다는 점을 들 수 있다. 일반 시민들이 미국정치에서 낮은 수준의 정치 지식을 갖고 있는 것은 물론이거니와 그들이 일반적으로 정치 현상에 대해 그다지 높지 않은 관심을 보여 왔다는 것이 이를 뒷받침해 준다(Converse 1964; Carmines and Stimson 1989; Delli Carpini and

Keeter 1996). 다음으로 다양한 교차 이슈(cross-cutting issues)에 대한 시민들의 이념적 일관성 증대는 정치 엘리트들로부터 제공된 정보 단서(information cues) 없이는 불가능할 것이라는 이유다. 실제로 미국 유권자들 사이에 일관된 이념적 사고체계가 부재하거나 매우 낮은 수준에서 존재한다는 것은 컨버스(Philip E. Converse)의 고전적 논의 이래 꾸준히 제기되어 온 문제이다(Converse 1964). 이와 관련하여 피오리나 등과 레번더스키(M. S. Levendusky)는 엘리트 양극화의 증대로 인해 당파성이 강한 유권자들 사이에서 여러 정책적 차원을 가로질러 이념적 일관성이 증대되었다는 사실을 경험적으로 보여 준 바 있다(Fiorina et al. 2006; Levendusky 2010). 엘리트 양극화가 유권자 수준의 정당 양극화의 원인이 될 수 있는 세 번째 이유로 레이먼 등은 엘리트 수준의 변화가 유권자 수준의 변화에 선행한다는 사실을 들고 있다(Layman et al. 2006). 즉, 미국 정치 엘리트들 사이에서 정당 양극화가 1970년대 의회에서 본격적으로 심화되기 시작했다면, 1980년대까지도 일반 유권자 수준의 정당 양극화는 뚜렷하게 나타나지 않았다. 전술한 몇 가지 이유들은 유권자 수준의 변화보다는 정치 엘리트 수준에서 일어난 정치 환경적 변화가 증대된 정당 양극화의 직접적 원인이 될 수 있음을 시사해 주고 있다. 이런 점에서 헤더링턴은 유권자 수준에서 발생한 여러 정치적 변화를 정치 엘리트들의 양극화를 유발한 원인이라기보다는 이미 일어난 엘리트 수준의 정당 양극화를 강화하는 인자로 간주하는 편이 적합할 수 있다고 지적한다(Hetherington 2009, 422). 이는 이 연구의 앞부분에 제시된 저자의 이러한 입장을 경험적으로 뒷받침해 주는데, 실제로 엘리트 수준의 정당 양극화에 비해 유권자 수준의 변화는 아주 점진적이며, 시기적으로도 엘리트 수준의 변화가 일반 유권자 수준의 변화에 선행하는 것으로 나타났다.

한국에서의 정당 양극화는 미국과 비교하여 정치적 양극화의 인과방향이 좀 더 명확할 수 있다. 왜냐하면 앞에서 분석한 것처럼 주요 정당에 속한 국회의원들 간 정치적 양극화의 심화는 비교적 뚜렷하게 관측되지만, 유권자들의 정당 선호도를 바탕으로 분석한 양극화의 증대는 비슷한 시기를 기준으로 발견되지 않았다. 이러한 발견은 한국사회에서 정치사회적 양극화가 그간 심화되어 왔다는 일반적 인식에도 불구하고, 정당 양극화는 일반 국민들 사이에 폭넓게 존재하는 현상이라기보다는 정치 엘리트에 국한되어 나타나는 현상이라는 사실을 다시금 일깨워 주고 있다. 이는 한국사회의 이념적 양극화를 분석한 이내영(2011)의 결론과도 일맥상통하는데, 이내영은 최근 한국사회에서 심화되고 있는 이념 갈등은 일반 국민들 사이의 이념적 양극화의 증대 때문이라기보다는 정치 엘리트 사이에 이념적 거리가 커졌기 때문이라고 지적한다.

5. 결론

지금까지 한국과 미국에서 나타난 정당 양극화를 엘리트 수준과 유권자 수준에서 각각 살펴보았다. 분석 결과 한국과 미국 모두에서 정당 양극화가 심화되는 현상이 엘리트 수준에서는 나타나지만, 그에 상응하는 양극화의 증대가 유권자 수준에서 발견되지는 않았다. 물론 미국 유권자 수준에서는 정치적 양극화의 증대가 약하게 나타났지만 결코 미국 정치 엘리트 수준의 변화에는 미치지 않았다. 한국의 경우 유권자 수준의 정당 양극화는 2000년대 이후 증가 추세에 있다기보다는 오히려 다소 감소해 왔다고 하는 편이 적합한 분석일 것이다.

정당 양극화 추세에서 볼 수 있는 엘리트 집단과 유권자 집단 간의 이러한 격차는 피오리나와 에이브람스가 말하는 분절(disconnect)이라는 관점에서 대의제 민주주의 정치과정에 시사하는 바가 크다(Fiorina and Abrams 2009). 즉, 메이휴(David R. Mayhew) 등의 고전적 논의에 따르면 대의제 아래서 정치적 대표자들은 자신들을 선출한 유권자들의 정책적·이념적 선호를 정책결정과정에 반영하기 마련이다. 특정 정당을 지지하는 유권자 집단의 이념적 선호는 중도에 가깝게 머무르고 있거나 큰 변동이 없을 때 그들을 대표하는 정치 엘리트들의 선호만 극단에 가까운 곳으로 이동한다면, 이것은 결국 정치적 대표자들의 정책적 입장이 유권자들의 정치적 선호로부터 이탈해 가는 것일 수도 있다. 만약 양극화 현상으로 인해 정당 엘리트와 일반 당원 사이의 이념적 선호 차원에서 괴리가 확대된다면, 그것은 결국 대의제 민주주의 작동에 근본적 위협으로 제기될 수도 있을 것이다.

물론 일각에서는 과연 정치적 양극화 현상이 민주주의에 그렇게 위협적인가에 대해 의문을 제시하기도 한다. 의회에서의 양극화로 인한 정파적 갈등의 심화는 입법 및 정책결정 과정에서의 교착상태(gridlock)를 초래할 수도 있지만, 주요 정당 간의 뚜렷한 정책적 입장 차이는 한편으로는 각 정당을 중심으로 한 책임정치의 강화로 이어질 수도 있다. 또한 정치적 양극화의 심화로 개별 정당의 정책적 모호성(policy ambiguity)이 줄어들고 이념적 차이가 명료해진다면, 그것은 결국 유권자들에게 각 정당의 노선에 대한 좀 더 명확한 정보 단서를 제공함으로써 유권자들의 정치의식과 이념적 일관성(ideological consistency)을 증대시키는 긍정적 가능성도 있다(Claasen and Highton 2009; Levendusky 2010). 이처럼 정치적 양극화 현상은 일관되게 부정적인 정치적 영향만 있다기보다는 긍정적인 유권자 효과도 갖고 있다. 즉, 정치학에서 양극화는 대의제 민주주의 혹은 제반 정치과정 연구에 많은 새로운 도전을 제시해 주고 있다고 해도 과언이 아니다. 따라서 앞으로 한국과 미국에서 정당 양극화 또는 이념적 양극화에 대한 더욱 활발한 후속 연구가 요구된다.

참고문헌

가상준. 2006.「미국 의회의 양극화를 통해 본 미국정치의 변화」.『한국정치학회보』 40(3): 211-233.

이내영. 2011.「한국사회 이념갈등의 원인: 국민들의 양극화인가, 정치엘리트들의 양극화인가?」.『한국정당학회보』 10(2): 251-287.

조성대. 2007.「양극화 시대 미국정치의 이념적 재편성과 대중의 정당일체감: 1972-2004년 대통령 선거를 중심으로」.『한국정치학회보』 41(4): 193-213.

Abramowitz, Alan I. 2006. "Disconnected, or Joined at the Hip?" In *Red and Blue Nation?: Characteristics and Causes of America's Polarized Politics*, Vol. I, edited by Pietro S. Nivola and David W. Brady. Washington, D.C.: Brookings Institution Press.

Abramowitz, A. 2011. *The Disappearing Center: Engaged Citizens, Polarization, and American Democracy*. New Haven: Yale University Press.

Abramowitz, A. A., and K. L. Saunders. 2008. "Is Polarization a Myth?" *The Journal of Politics* 70(2): 542-555.

Brewer, M. 2005. "The Rise of Partisanship and the Expansion of Partisan Conflict Within the American Electorate." *Political Research Quarterly* 58(2): 219-229.

Carmines E., and J. Stimson. 1989. *Issue Evolution: Race and the Transformation of American Politics*. Princeton: Princeton University Press.

Carson, J. L., M. H. Crespin, C. J. Finocchiaro, and D. W. Rohde. 2007. "Redistricting and Party Polarization in the US House of Representatives." *American Politics Research* 35(6): 878-904.

Claassen, B., and B. Highton. 2009. "Policy Polarization Among Party Elites and the Significance of Political Awareness in the Mass Public." *Political Research Quarterly* 62(3): 538-551.

Converse, P. E. 1964. "The Nature of Belief Systems in Mass Publics." In *Ideology and Discontent*, edited by D. Apter. New York: Free Press.

Delli Carpini, Michael X., and Scott Keeter. 1996. *What Americans Know about Politics and Why it Matters*. New Haven: Yale University Press.

Fiorina, M. P., and S. Abrams. 2008. "Political Polarization in the American Public." *Annual Review of Political Science* 11: 563-588.

Fiorina, M. P., and S. Abrams. 2009. *Disconnect: The Breakdown of Representation in American Politics*. Norman: University of Oklahoma Press.

Fiorina, M. P., S. Abrams, and J. C. Pope. 2006. *Culture War? The Myth of a Polarized America*. 2nd ed. New York: Pearson Longman.

Hetherington, M. 2001. "Resurgent Mass Partisanship: The Role of Elite Polarization." *American Political Science Review* 95(3): 619-631.

Hetherington, M. 2009. "Putting Polarization in Perspective." *British Journal of Political Science* 39: 413-448.

Jacobson, Gary C. 2006. "Comment." In *Red and Blue Nation?: Characteristics and Causes of America's Polarized Politics*, Vol. I, edited by Pietro S. Nivola and David W. Brady. Washington, D.C.: Brookings Institution Press.

Layman, Geoffrey C., Thomas M. Carsey, and Juliana M. Horowitz. 2006. "Party Polarization in American Politics: Characteristics, Causes, and Consequences." *Annual Review of Political Science* 9: 83-110.

Lee, F. E. 2008. "Agreeing to Disagree: Agenda Content and Senate Partisanship, 1981-2004." *Legislative Studies Quarterly* 33(2): 199-222.

Levendusky, M. S. 2010. "Clearer Cues, More Consistent Voters: A Benefit of Elite Polarization." *Political Behavior* 32(1): 111-131.

Mayhew, D. 1974. *Congress: The Electoral Connection*. New Haven: Yale University Press.

McCarty, N., K. T. Poole, and H. Rosenthal. 2006. *Polarized America: The Dance of Ideology and Unequal Riches*. Cambridge: MIT Press.

Poole, Keith T., and Howard L. Rosenthal. 2007. *Ideology and Congress*. New Brunswick: Transaction Publishers.

Rohde, D. W. 1991. *Parties and Leaders in the Postreform House*. Chicago: University of Chicago Press.

Stonecash, Jeffrey M., Mark D. Brewer, and Mark D. Mariani. 2003. *Diverging Parties: Social Change, Realignment, and Party Polarization*. Boulder: Westview Press.

Theriault, S. M. 2008. *Party Polarization in Congress*. New York: Cambridge University Press.

Theriault, S. M., and W. D. Rhode. 2011. "The Gingrich Senators and Party Polarization in the US Senate." *Journal of Politics* 73(4): 1011-1024.

Zaller, J. 1992. *The Nature and Origin of Public Opinion*. Cambridge: Cambridge University Press.

2장

의회정치의 양극화:
미국 의회와 한국 국회를 중심으로

서정건

1. 서론: 의회 양극화의 실체와 시사점

미국 의회를 19세기의 '견제와 균형(checks and balance)' 시기와 20세기의 '위임과 감시(delegation and oversight)'의 시기로 대별해 볼 수 있다면, 1970년대 말부터 현재까지의 21세기 미국 의회정치는 '양극화(polarization)'의 시기라 칭할 만하다. 의회를 구성하는 공화당과 민주당 양당 내부의 이념적 결속력(internal cohesion)과 두 당 사이의 정책적 입장 차이(external distinction)가 극대화된 상황을 지칭하는 양극화에 대한 분석은 이미 방대하다(Binder 1996; Coleman 1997; Jacobson 2001; Roberts and Smith 2003; Stonecash et al. 2003; Fleisher and Bond 2004; Sinclair 2006; Kupchan and Trubowitz 2007; Carson et al. 2007; Theriault 2008; Lee 2009; Abramowitz 2010; Theriault and Rohde 2011; Bafumi and Parent 2012). 본 연구는 우선 미국 의회정치의 양극화 전개 과정을 역사적 맥락을 통해 살펴본다. 또한 의회정치 연구자들이 조명해 온 양극화의 요인을 크게 정치과정(electoral connection)과 정치제도(legislative institution) 차원으로 나누어 설명한다. 마지막으로, 미국의 의회 양극화와 대통령제

사이의 역학관계에 대해 고찰해 보고, 한국 국회의 양극화 현상에 대한 비교정치학적 이해를 소개한다.

양극화의 원인과 결과에 대한 논쟁을 설명하기에 앞서 보다 근원적인 두 가지 질문을 짚고 넘어갈 필요가 있다. 첫째, 양극화가 실체적으로 존재하는가, 둘째, 과연 양극화는 그 자체로 문제인가 하는 의문이다. 양극화의 실체에 대해서는 상반된 견해가 존재하는데, 우선 의회와 정당을 기본 축으로 하는 미국의 대의제 민주주의가 미국 유권자들의 이념적 양분 상태를 실제로 반영하고 있다는 주장이 있다. 반대로 일반 국민은 여전히 중도적 성향에 머무르고 있음에도 불구하고, 특정 정치권이 정치적 목적으로 혹은 일부 정치학자가 확대해석함으로써 양극화 현상을 과장한 측면이 있다는 연구 결과도 있다. 특히 현대 미국정치가 이념과 가치의 충돌로 인해 극단적 반목 상태에 놓여 있다는 소위 '문화전쟁(culture war)' 논쟁에 대해, 피오리나(Morris P. Fiorina) 등에 따르면 이는 사실에 기초하지 않은 신화 혹은 소설에 불과하다. 실제로 정치권의 양극화가 유권자 수준의 양극화에 별 영향을 미치지 않았고, 지난 20-30년 동안 공공정책에 대한 시민들의 선호는 거의 변화가 없었으며, 이슈에 따른 정당 재배열(party sorting)도 부풀려진 측면이 크다는 주장이다(Fiorina 2006; Fiorina and Abrams 2008).

이에 반해, 에이브라모위츠(Alan I. Abramowitz)와 손더스(Kyle L. Saunders)를 위시한 다수의 의회 및 정당 학자들은 미국정치가 이념, 정당, 지역, 종교, 정치참여 등 모든 영역에서 양극화 현상을 실제로 겪고 있다고 반박한다(Layman 2001; Hetherington 2001; Klinkner 2004; Abramowitz and Saunders 2008). 특히 비숍(Bill Bishop)은 미국 유권자들의 양극화 정도를 제대로 파악하기 위해서는 연구 범위를 주(state) 단위가 아니라 공동체(community) 단위로 좁히고, 양극화가 심화되고 있는 현상에 대해서는 정책 이슈별 갈등 양상과 미디어의 역할 등을 동시다각적으로 고려해야 한다고 지적한다(Bishop 2008). 양극화의 실체를 인정하는 학자들에 따르면, 경제정책에 관련된 국민들의 선호는 여전히 큰 변화가 없는 반면, 동성결혼, 낙태, 총기규제, 기후변화와 같은 사회·문화적 이슈에 대해서는 일반 국민들 사이에서도 양극화가 상당 부분 진행된 것으로 나타난다. 더욱이 케이블 뉴스 네트워크인 폭스 뉴스 채널(Fox News Channel)과 MSNBC로 대별되는 미디어의 이념 편향적 취재와 보도는 뉴스 소비자의 양극화를 더욱 부추기고 있는 실정이다(Groeling and Kernell 2000). 간단히 말해, 양극화란 무엇인가라는 근본적 질문에 대한 체계적이고 광범위한 연구의 필요성은 여전히 남아 있다.

양극화와 관련된 또 다른 근본적 질문은 과연 의회 양극화 현상 그 자체가 문제인가 하는 점이다. 잘 알려진 대로 1950년에 미국정치학회(American Political Science Association: APSA)는 정당연구위원회(Committee on Political Parties)를 발족하여 당시 미국의 정당제도를 심층 분석하였고, 그 결과 책임정당(responsible party) 제도를 대안으로 제시하였다. 내부적으로 당 소속 의원들이 응집되어 있고 외부적으로 정당의 정책 차이가 뚜렷한 정당 시스템이야말로 국민들의 선택을 용이하게 만들고 정당의 책임 소재를 분명히 가릴 수 있다는 장점이 있기 때문에 당시의 미국정치학회 학자들은 정당 내 단합과 정당 간 차이를 적극적으로 옹호하였다.[1] 하지만 1960년대를 거치면서도 민주당과 공화당 모두 내부적으로 여전히 보수와 진보 그룹이 뒤섞여 있었는데, 민주당에는 보수 성향의 남부 출신들이, 공화당에는 중도-진

1 1950년 당시 미국정치학회의 보고서 제목은 "Toward a More Responsible Two-Party System: A Report of the Committee on Political Parties"였다.

보로 분류되는 북동부 온건파 의원들이 세력을 구축하고 있었다. 예를 들어, 1968년 대통령 선거에 제3당 후보로 나서 거의 천만 표나 얻었던 월러스(George Wallace) 앨라배마 주지사는 당시의 양당 체제에 대해 "양당 간에는 1다임의 차이도 발견할 수 없다(There is not a dime's worth of difference between the two parties)"라고 비판한 바도 있다.

결국, 1950년에 미국의 정치학자들이 기대하던 책임정당 시스템은 실질적으로 1970년대 말 이후 등장한 양극화된 정당들의 모습과 일맥상통하는 측면이 있다. 미국의 양대 정당 시스템 아래서 야기되었던 각 정당의 정체성 혼란 문제가 역설적으로 양극화 현상을 통해 비로소 정리되었고, 정당 간의 정책 차이에 대해 미국 유권자들이 보다 분명히 이해하게 된 측면을 부인할 수 없다. 다시 말해, 무한갈등과 교착상태로 압축되는 의회 양극화의 부정적 현상 이면에는 일관되고 차별화된 정당정책과 책임 소재의 명확성이라는 긍정적 요소도 공존할 수 있다는 사실에 주목할 필요가 있다. 한 걸음 더 나아가, 1950년대 이후 반복되었던 분점정부(divided government) 상황에 대해서 비효율적 정부운영 등을 이유로 비판 여론이 비등할 때, 메이휴(David R. Mayhew)가 내놓은 상식을 뒤엎는 연구 결과(1991)는 양극화 현상과 연구에 관해서도 시사하는 점이 있다. 왜냐하면, 메이휴는 분점정부 그 자체는 단점정부와 비교할 때 입법 생산성(legislative productivity)을 기준으로 별 다른 차이를 보이지 않는다고 주장하였고, 그 이후 분점정부 자체의 문제점에 대한 본격적이고 심층적인 연구들이 줄을 이었기 때문이다. 결국, 현재 워싱턴 정가에서 나타나는 극한 대립적 정치 행태가 양극화의 직접적 결과인지에 대해서는 여전히 심층적이고 실증적인 연구를 필요로 한다.

2. 미국 의회 양극화의 역사적 전개과정

1) 건국 당시의 대외정책과 양극화

미국의 지도자들이 제헌회의(Constitutional Convention)를 거치면서 분명한 헌법적 정의 혹은 제한을 정하는 데 어려움을 겪었던 영역이 바로 대통령의 권한 범위와 정당의 기능에 관한 것이었다. 제왕적 대통령에 대한 두려움이 컸지만, 헌법 제2장(Article II)에 짤막하고 막연한 정도로만 대통령의 권한과 책임 등을 담았고, 매디슨(James Madison)은 애초부터 『페더럴리스트 페이퍼(*Federalist Paper*)』 등을 통해 정당정치에 대한 부정적 인식을 공론화했지만, 당파적 세 불리기를 통한 정당정치의 도래는 예상보다 빨리 이루어졌다. 초대 워싱턴(George Washington) 정부 시절, 특히 대외관계를 둘러싸고 연방주의자들(Federalists)과 반연방주의자들(Anti-Federalists) 두 정파 간에 신념과 입장 차이가 생기게 되고, 이러한 현실정치적 상황을 통해 대통령의 권한과 정당 시스템에 대한 정치적 해결책을 모색하게 되었던 것이다. 보다 구체적으로는, 1793년 워싱턴 대통령이 공표한 중립선언(The Neutrality Proclamation)은 영국과 프랑스의 세력다툼 와중에 미국은 어느 편도 들지 않겠다는 입장이었지만, 프랑스를 지지했던 제퍼슨(Thomas Jefferson) 등 반연방주의자들로부터 거센 비판을 받았다. 반대파의 이론가였던 매디슨에 따르면, 중립선언은 새로운 조약을 맺는 것과 다름없는 또 하나의 외교정책 결정이란 측면에서 대통령은 자신에게 주어지지도 않은 권한을 행사함으로써 의회의 권한 범위를 침범한 것이었다. 이에 반해, 워싱턴의 책사였던 해밀턴(Alexander Hamilton)은 전쟁이 선포되기 전까지는 평화유지가 대통령 고유의 책임이자 권한이라고 맞섰다. 결국, 미국정치사에서 대통령의 권한에 대한 논쟁은 20세기 초 루스벨트(Theodore Roosevelt) 대통령의 '청지기 이론(stewardship theory)'과 태프트(William Howard Taft) 대통령의 '헌법주의 이론(literalist theory)' 간의 충돌을 거쳐, 현대의 '제왕적 대통령제(imperial presidency)' 논쟁에서 알 수 있듯이, 여전히 명확한 결론 없이 미국정치의 핵심 이슈로 남아 있다(Neustadt 1960; Howell 2003; Rudalevige 2006).

이처럼 미국 건국 초기의 정치적 쟁점은 독립 이후 급변하는 세계정세와 밀접하게 연결되었고, 의회 내의 정당 편성 및 양극화 현상도 이와 무관치 않다. 워싱턴 행정부 초기까지도 매디슨처럼 정당으로 나뉘어 정쟁을 벌이지 않고서도 오직 국익만을 고려하는 단합되고 대승적 모양새의 정치가 가능할 것이라고 믿는 사람들이 많았다. 하지만, 유럽 안팎에서 경쟁하던 영국과 프랑스에 대한 관계설정을 놓고 미국 내에서는 연방파와 반연방파가 사사건건 반목을 보이기 시작했고, 급기야 1795년 제이 조약(Jay Treaty) 체결 과정에서 두 정파의 제도화는 양극화의 양상을 띠게 되었다(Combs 1970; Sharp 1993). 당시 영국의 비위를 맞추는 데 급급했다면서 제이 조약 체결에 결사반대를 표명한 반연방파 중 일부는 워싱턴 대통령의 퇴임까지 요구했고, 1798년 존 애덤스(John Adams) 행정부가 밀어붙였던 '재류외국인 및 선동법(Alien and Sedition Act)'을 둘러싼 정치적 대립은 결국 연방당(Federalist Party)과 공화당(Republican Party)의 양당 시스템을 고착화시킨 결과를 초래했다(〈그림 2-1〉 참조).[2]

한편, 미합중국 건국 초기의 국제정치적 맥락은 정당의 입장 변화와 정당의 소멸 등 정당의 생애주기(party's life cycle)를 이해하는 데에도 필수적이다. 예를 들어, 제이 조약 당시 특사 파견 반대, 외

---

2 제퍼슨과 매디슨 등이 주축이 된 반연방주의자들은 이후 공화주의자들(Republicans)로 불리기 시작하는데, Democratic Republicans, Jeffersonian Republicans도 같은 이름이다.

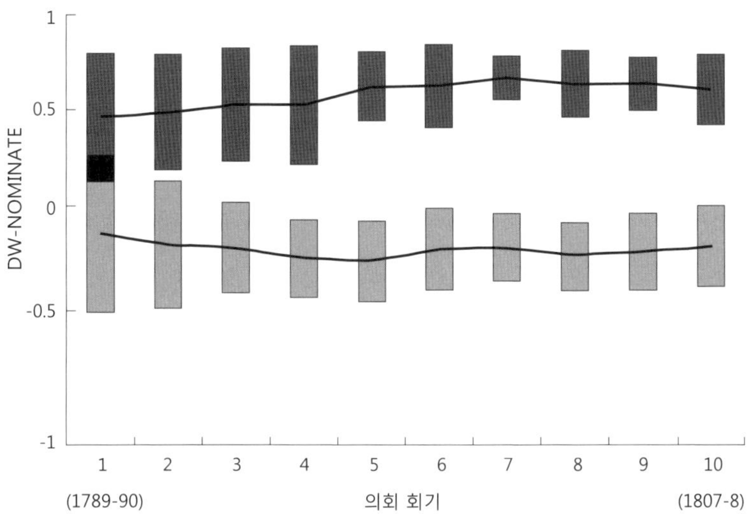

〈그림 2-1〉 건국 초기 정당정치의 도래와 양극화(1789–1808)

출처: Theriault(2006, 299).

교 문서 공개 등을 요구하던 반연방주의자들는 막상 제퍼슨(Thomas Jefferson)을 통해 정권을 획득한 이후에는 1803년 루이지애나 매입 과정에서 자신들의 이전 입장을 철회하였다(Theriault 2006). 자신들이 비판했던 워싱턴 행정부의 전략을 그대로 답습하여, 먼로(James Monroe)를 특사로 파견하고 매입 관련 협상문건 공개를 거부했던 것이다. 게다가, 1800년 선거에서 패배한 후 정치적으로 급속히 쇠퇴하던 연방당은 1812년 전쟁 와중에 영국 편에 서려고 했다는 의혹을 극복하지 못하고, 결국 당 해체라는 종말을 맞게 된다(Crabb et al. 2000). 현대 미국 의회의 정당 양극화가 사회·문화 이슈에 크게 좌지우지되고 있는 반면, 건국 초기에는 유럽 강대국들의 세력다툼 위주의 국제 정세와 이에 대한 상이한 대응을 놓고 정당의 입장이 갈리면서 워싱턴 정가를 뒤흔들어 놓았던 것이다. 이후 정파적 투쟁이 수그러든 1820년대의 '선의의 시대(the Era of Good Feeling)'를 거쳐 잭슨(Andrew Jackson) 대통령 시기에 확립된 민주당(Democratic Party) 중심의 정당정치는 1840년대 말 휘그당(Whig) 전통을 이어받아 만들어진 공화당(Republican Party)과의 경쟁으로 이어져 오면서 양극화 현상이 다소 주춤하는 모습을 보인다(Aldrich 1995). 실례로 1860년 노예제를 놓고 격돌한 대통령 선거에서도 민주당과 공화당 모두 북부와 남부에 대선 후보가 2명씩 등장했고, 남북전쟁 이후 재건시대(the Period of Reconstruction)가 끝난 1876년 선거와 대타협 이후에야 민주당과 공화당의 치열한 정쟁은 다시 불붙게 된다(Foner 1990).

2) 1896년 체제(The System of 1896)

1880년대 이후 약 20여 년 동안 미국정치는 도금(鍍金)시대(Gilded Age)를 거치면서 정당 양극화의 전형적 모습을 보이게 된다. 1876년 대통령 선거 결과를 둘러싼 양당 간의 타협을 기점으로 소위 '중대선거(critical election)'를 통한 1896년 체제(the System of 1896)의 도래에 이르기까지 양극화 현상은 의회와 선거뿐만 아니라 유권자들의 일상생활에도 하나의 규범으로 작용하였다.[3] 〈그림 2-2〉가 나타내듯이, 풀(Keith T. Poole)이 정당 단합 표결(party unity vote) 결과를 근거로 산출한 정당 간의 양극화 지표에 따르면, 1870년대 말부터 약 20여 년 넘게 지속되었던 정당 양극화는 현대 미국정치의 양극화와 거의 흡사한 수준이다(Poole 2005). 이 당시 전국적 범위에서 어느 당도 과반의

3 V. O. Key(1955)가 주창하고 Walter Dean Burnham(1970)이 발전시킨 '중대선거들(critical elections)' 개념은 모든 선거가 그 중요성에 있어 다 같지는 않다는 전제로부터 출발한다. 1788년 이래 4년마다 치러진 대통령 선거 중 정치판을 새로 짜게 만든 특정 선거들, 예를 들어 1800년, 1828년, 1860년, 1896년, 1932년, 1980년 선거 등을 '중대선거들'이라고 분류하는데, 정당재편(realignment) 관점을 접합함으로써 미국정치사를 해석하는 데 주로 인용된다.

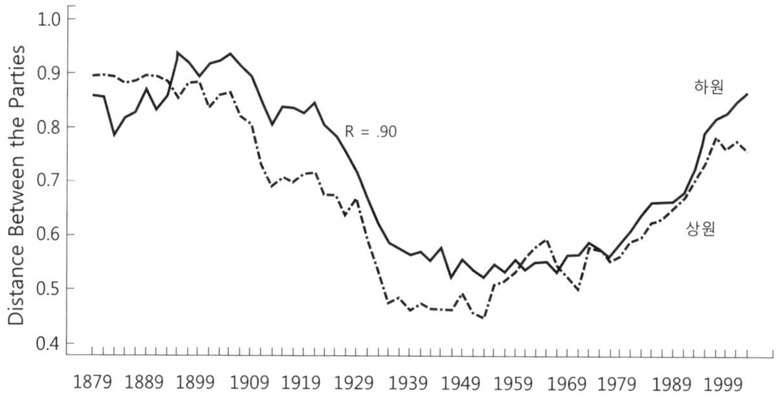

〈그림 2-2〉 정당 양극화: 공화당과 민주당의 이념 차이 기준(1879–2003)

출처: Poole(2005, 4).

지지를 확보하지 못했고, 1876년부터 1892년까지 치러진 다섯 차례의 대통령 선거 중 전국 득표율 차 1% 미만으로 승패가 갈린 적이 세 차례나 되었다(Burnham 1970; Brewer and Stonecash 2009). 이처럼 산업사회 혹은 농업사회, 금본위제 아니면 은본위제 등 시장과 생산, 경제 근간에 관한 미국정치의 큰 방향을 놓고 양대 정당이 격돌했던 1880년대의 양극화 현상은 1896년 공화당의 매킨리(William McKinley) 후보가 승리하고 1900년 윌리엄 제닝스 브라이언(William Jennings Bryan)과의 재격돌에서도 이김으로써 일단락 지어졌다. 이후 '진보의 시대(the Progressive Era)'를 거쳐 1929년 대공황의 격변기에 민주당의 루스벨트(Franklin D. Roosevelt) 후보가 1932년 대선을 통해 등장하면서 다시 한 번 정치재편(political realignment)의 시대로 접어들게 되었다.

3) 뉴딜(New Deal) 시대와 양극화의 완화

루스벨트 대통령이 대공황의 정점에서 1932년과 1936년 대선의 압도적 승리를 통해 결성한 소위 뉴딜연합(New Deal Coalition)은 향후 미국정치를 거의 40-50년 가까이 좌지우지한다. 뉴딜연합의 특징은 첫째, 이념적으로는 근대 대통령(modern presidency)과 큰 정부(big government)의 적극적 역할을 통해 케인스식(Keynesian) 재정정책을 펼침으로써, 시장에 개입하고 기업을 규제하며, 정부지출을 늘리고 복지 프로그램을 신설하는 방향이었다. 둘째, 정파적 측면으로는 가톨릭, 노동조합, 흑인, 도시거주민, 유대인 등을 한데 묶는 새로운 민주당 지지 세력을 결집하여, 이후의 대통령과 의회 선거 때마다 민주당 고정 지지층으로 확보하게 된다. 셋째, 지역 수준에서의 뉴딜연합은 미국의 정치 양극화를 상당 부분 누그러뜨리는 역할을 하게 되는데, 이는 루스벨트 대통령 이후 상당 기간 지속된 민주당 틀 안에서의 미국 남부와 북부의 연합에서 그 원인을 찾을 수 있다.[4]

남북전쟁 이후 민주당은 소위 '견고한 남부(Solid South)'에 확고한 지지기반을 유지했지만 대선 승리를 위한 선거인단 과반수를 확보하기에는 부족했고, 일자리와 자유를 찾아 북부지역으로 이주한 많은 흑인들과 도시지역 저소득층은 대기업과 산업자본을 주로 대변하던 공화당과는 이질감을 느끼고 있었다(Ware 2006). 이러한 상황에서 뉴욕 주지사 출신 루스벨트 대통령은 경제안전(economic security)이 헌법이 보장하는 '국민의 권리(consitutional right)'라는 새로운 아이디어를 통해 미국의 남부와 북부를 통합하는 거대 민주당("big tent" party)

4 민주당 내의 남부-북부 연합정치는 흔히 '오스틴-보스턴 축(Austin-Boston Axis)'으로 상징된다. 특히 오랜 기간(1955-1995) 민주당이 다수당이었던 미국 하원에서 의장(Speaker)과 다수당 원내총무(Majority Leader)는 텍사스-오클라호마 출신과 보스턴 지역 출신들이 주로 번갈아 맡았다. 레이번(Sam Rayburn, TX), 매코맥(James McCormack, MA), 앨버트(Carl Albert, OK), 오닐(Tip O'Neill, MA), 라이트(Jim Wright, TX) 등이 그들이다. 자세한 설명은 Champagne et al.(2009) 참조. 이러한 텍사스-매사추세츠 연합은 대통령 선거를 위한 러닝메이트 선정에도 때때로 작용했고, 1960년 케네디(MA)와 존슨(TX), 1988년 듀카키스(MA)와 벤슨(TX) 등의 예가 있다.

을 건설하기에 이른다. 흑인의 인권보장과 정치참여라는 민감한 주제는 가급적 건드리지 않으면서 전통적 남부의 지지층과 새로운 북부의 동조세력을 규합한 뉴딜연합을 통해 민주당이 의회 다수당으로 부상하면서 공화당은 상당 기간 '만년 소수당(permanent minority)'으로 전락하게 되었다. 동시에, 민주당의 남부 출신 보수, 중진 진영이 소수당인 공화당과 외교, 안보 등 다양한 정책 영역에서 소위 보수연합(conservative coalition)을 형성했는데, 이는 민주당 내 남부 보수파가 영향력을 잃게 되는 레이건 시대에까지 이어진다. 결국, 민주당이 세력을 불리면서 보수적인 남부 출신 중진 의원들과 진보적인 북부 출신 신진 세력들 간의 불협화음과 세력다툼이 당내 단합을 저해하는 요소로 작용했던 것이다. 달리 말해, 뉴딜 시대의 정당정치는 남부와 북부를 통합한 의회 다수당인 민주당 내에 이념 분화가 나타나고 공화당이 만년 소수당으로 전락함에 따라 양극화의 틀에서 어느 정도 벗어난 듯 보였다.[5]

4) 미국 남부와 공화당의 세력 확장

1970년대 중반 이후 미국 남부를 중심으로 한 정당재편(partisan realignment)과 그에 따른 양극화 현상이 나타났으나, 그 싹은 이미 여러 차례의 큰 정치적 사건과 스캔들 등을 통해 자라고 있었다. 다시 말해, 민주당 내의 소장파이자 소수파였던 북부 출신 진보세력이 주요 선거를 통해 점점 그 세력을 확장했고, 보수파 위주의 남부지역에서는 공화당이 그 기반을 넓힘으로써 민주당은 진보로, 공화당은 보

5 Han과 Brady(2007) 등은 실제로 제2차 세계대전 이후 형성된 미국 정당정치의 초당파적 협력관계(bipartisanship)는 미국정치사의 전체 흐름에서 오히려 예외에 가깝다고 주장한다.

수로 각 당의 이념 정향을 분명히 하게 된 것이 1980년대 이후 심화된 양극화의 단초라고 볼 수 있다. 1957년 '스푸트니크 쇼크(Sputnik Shock)'와 '아이젠하워 경기침체(Eisenhower Recession)' 등으로 인한 미국 국민들의 좌절감과 실망감은 1958년 중간선거를 통해 북부 출신의 진보 성향 민주당 의원들을 의회에 대거 진출시켰고, 이후 1964년 존슨(Lyndon Johnson) 대통령의 대선 압승을 등에 업고 또 한 차례 진보파가 세력을 확장했으며, 1974년 워터게이트 사건으로 인해 소위 '워터게이트 베이비(Watergate Babies)'로 불린 민주당 정치 신인들과 초선의원들이 워싱턴 정가에 다수 진출하였다.

한편, 1964년 시민권법(Civil Rights Act)의 통과는 미국 남부 백인들이 민주당에 등을 돌리는 결정적 계기가 되었고, 닉슨(Richard Nixon) 대통령이 취한 '남부전략(southern strategy)'에는 북부 주들에 집중해 있던 군사기지들을 남부 쪽으로 옮기는 안이 포함되었다. 이후 반공(anti-communism)과 강한 미국, 그리고 국방비 증액 등의 정치적 의제와 전략을 남부의 기독교 전통과 연계시키는 데 성공한 레이건(Ronald Reagan) 캘리포니아 주지사의 등장으로 인해 1970년대 이후 정치적 구심점을 잃어버렸던 미국 남부, 즉 '견고한 남부(Solid South)'는 공화

〈표 2-1〉 지역과 정당에 따른 하원 의석 점유 현황: 103대 및 111대 의회 비교

구분	103대 의회(1993–1994)			111대 의회(2009–2010)		
	D	R	D%	D	R	D%
북동부	58	42	58.0	78	17	82.1
남부	82	55	59.9	61	81	43.0
중서부	61	44	58.1	55	45	55.0
서부	55	38	59.1	62	36	63.3
합계	256	179	58.9	256	179	58.9

출처: Center for Politics, University of Virginia(2010).

당 지지로 돌아서게 되었다. 양당의 하원 의석 지역별 점유 현황을 클린턴(Bill Clinton) 대통령 임기 초인 103대 의회(1993-1994)와 오바마(Barack Obama) 대통령 임기 초인 111대 의회(2009-2010)로 비교한 〈표 2-1〉에 따르면, 지지기반에서 민주당은 북동부 지역 쪽으로, 공화당은 남부 쪽으로 쏠림현상을 보인다는 사실을 알 수 있다.

5) 레이건 혁명(Reagan Revolution), 냉전 종식, 그리고 양극화

1984년 뉴딜연합의 마지막 기수로 알려진 먼데일(Walter Mondale) 민주당 후보에 압승을 거두면서 재선에 성공한 레이건 대통령 주도의 정당 양극화는 뉴딜연합의 핵심가치였던 정부의 적극적 역할을 전면 부인하는 데서 출발한다. 행정부에 대한 신뢰를 상실하고 특정 이익에 사로잡힌 무능력한 의회에 등을 돌린 유권자들에게 "정부는 더 이상 해결책이 아니라 오히려 문젯거리이다(Government is not a solution, but the problem)"라는 레이건 대통령의 주장은 공감을 불러일으키기에 충분했다. 특히 레이건과 공화당은 케인스식 수요 중심의 재정정책과 재정적자를 메우기 위한 증세정책이 오히려 기업의 경제활동만 위축시켰고, 이를 극복하기 위해서는 대폭적인 감세와 규제완화를 위주로 하는 공급 중심의 경제학(supply-side economics)을 도입해야 한다고 주장했다. 이러한 공화당의 공세에 대해 뉴딜정책의 신봉자("Bread-and-Butter Democrats")이자 하원의장이었던 오닐(Tip O'Neill)(D-MA)이 이끄는 민주당의 경우, 기존의 남부 보수파 세력이 급속히 위축되고, 정부 역할과 복지국가 이념을 여전히 신봉하는 북부 진보파 의원을 중심으로 당이 재편되기에 이른다.

특히 감세정책과 균형예산을 둘러싼 새로운 정치판 짜기는 텍사스 출신의 그램(Phil Gramm) 상원의원의 입장 변화와 당적 변경 과정에서 상징적으로 드러난다. 1978년 민주당 소속으로 하원에 입성한 텍사스 출신 그램 의원은 1981년 레이건 정부의 감세법안에 찬성했다는 이유로 하원예산위원회에서 쫓겨났고, 이에 대한 반발로 민주당을 탈당하고 공화당에 입당하여 1982년 치러진 보궐선거에서 승리한다. 1846년 이래 해당 지역구를 대표하는 첫 번째 공화당 의원이 된 그램은, 1985년 적정선의 적자 감축에 실패하면 일괄적 재정지출 축소를 자동적으로 시행하도록 한 초당파적 그램-홀링스-러드맨 법(Gramm-Hollings-Rudman Act) 제정을 주도하였다. 이처럼 1980년대부터 가속화된 의회 양극화 현상은 지지기반 재편으로 인한 의원들의 이념적 양극화 못지않게 대통령-의회 관계와도 밀접한 상관관계를 가진다. 〈그림 2-3〉에서 나타나듯이, 하원의원들의 대통령 지지도 변화의 경우, 닉슨 행정부 시절에는 당적에 따른 차이가 두드러지지 않았던 반면, 레이건 행정부를 거쳐 클린턴 대통령 시기에 이르면 백악관 주인의 소속 당적이 의회에서의 대통령 지지도를 결정하는 주요 변수로 작용한다.

한편, 구소련의 정치·경제적 혼란으로 인해 냉전의 추이를 예측하기 어려워졌던 1980년대는 외교정책과 국내 정치 간의 상관관계를 무시할 수 없었던 시기였다. 특히 감세 드라이브를 밀어붙였던 레이건 대통령은 동시에 비전시 상황에서는 전례를 찾아볼 수 없을 정도의 국방예산 증액(military buildup)을 추진했고, 속칭 '별들의 전쟁(Star Wars)'으로 불린 전략방위구상(Strategic Defense Initiative: SDI)을 밀어붙이는 과정에서 공화당과 민주당 간의 양극화는 더욱 심화되었다. 실제로, 미국 남부의 정치에서는 반공, 애국 등의 이념적 가치와 군사기지로부터 얻어지는 산업적·경제적 이익 등이 중요한 위치를 차지하고 있었고, 남부를 대표하는 정당이 된 공화당은 레이건 대통령의 대규모 군사비 지출과 소련에 맞서는 국방정책을 적극 지지하기에 이른다. 반면에 1970년대부터 시작된 데탕트 정책과 소련과의 군축

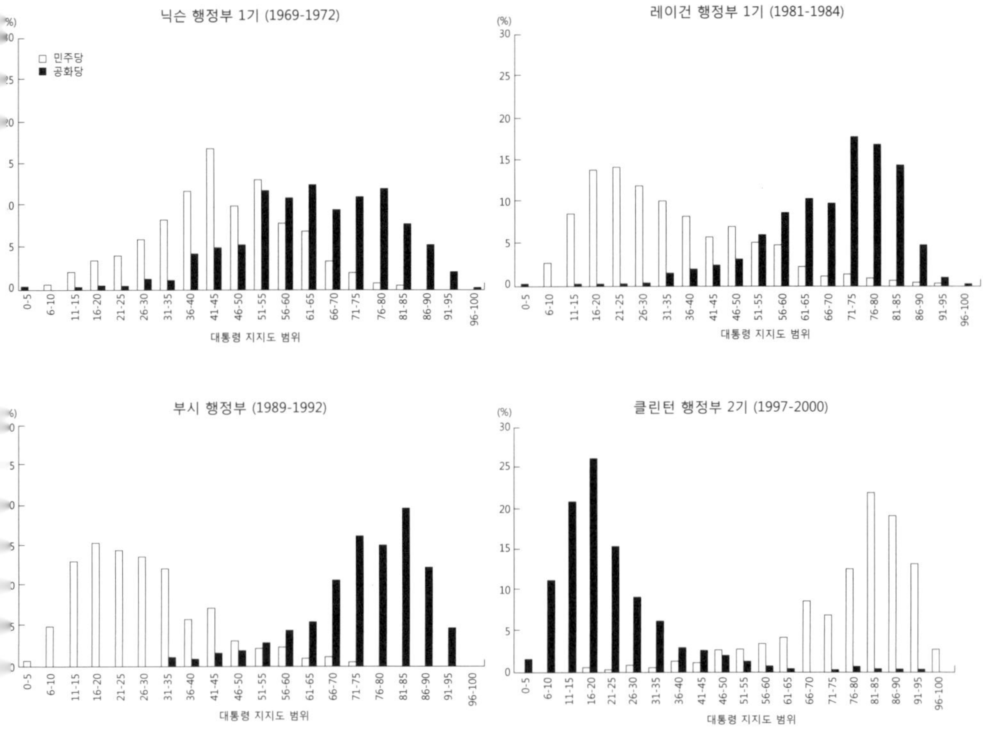

〈그림 2-3〉 닉슨에서 클린턴까지 소속 정당에 따른 대통령 지지도 변화

출처: Jacobson(2003, 7).

회담 등을 지지했던 민주당은 1980년대 초 에드워드 케네디(Edward Kennedy) 상원의원 주도의 '핵동결운동(Freeze movement)'을 냉전 막바지 외교정책의 근간으로 내세웠다. 1984년 대통령 선거 기간 중 현직 레이건 대통령은 이러한 민주당의 유화적 외교정책을 효과적으로 비판하고, '힘을 통한 평화(peace through strength)'와 '신뢰하되 검증하라!(Trust but Verify!)' 등을 내세우면서 냉전 종식을 선도하는 역할을 하였다. 다시 말해, 제2차 세계대전 이후 40여 년 넘게 지속된 냉전 기간 대부분을 이끌었던 외교정책상의 초당파적 냉전합의("Cold War

Consensus")가 1980년대 중반 이후 냉전의 마지막 단계에서 급속도로 허물어졌고, 그 연장선상에서 레이건 주도의 강경 외교정책을 지지한 공화당과 대화를 통한 점진적 변화를 선호한 민주당 간의 양극화가 심화되었던 것이다.

6) 1994년 중간선거와 '깅그리치 상원의원들'

아이젠하워(Dwight Eisenhower) 대통령 시절인 1954년 83대 의회를 마지막으로 클린턴 1기 행정부 시기인 1994년 103대 의회에 이르기까지 공화당은 하원에서 단 한 차례도 다수당의 위치를 차지하지 못했다. 상원의 경우에도 레이건 대통령의 인기를 등에 업고("Reagan's coattails") 다수당이 되었던 1981년부터 1987년까지를 제외하고는 1954년부터 40년 동안 공화당은 만년 소수당이었다. 이런 상황에서 1994년 중간선거를 통해 다시 작은 정부로 돌아가는 것을 주요 골자로 하는 '미국과의 계약(Contract with America)' 선거 캠페인과 1993-94년 동안 클린턴 행정부에 의해 무리하게 추진되었던 의료보험개혁 실패의 반사이익을 통해 공화당은 만년 소수당에서 탈피하여 의회 다수당의 위치를 차지하게 된다. 단합된 선거운동을 진두지휘하고 효과적인 유세 쟁점들을 개발해 낸 공화당의 리더는 1978년 하원에 처음 당선되었던 조지아 출신의 깅그리치(Newt Gingrich)였고, 1995년부터 하원의장직을 맡으면서 클린턴 행정부와는 극한대립의 양극화 정치를 펼치게 된다. 그러나 1995년 말부터 진행된 클린턴 행정부와의 예산안 투쟁을 '연방정부 일시폐쇄(government shutdown)'라는 초강수와 연계시키면서 국민들의 거부감을 불러일으켰고, 오히려 1996년 대선에서 현직 클린턴 대통령이 돌(Bob Dole) 공화당 도전자에게 낙승을 거두는 결과를 가져왔다.

특히 테리올트(Sean M. Theriault)와 로디(David W. Rohde)는 깅그리

치 하원의장 시절에 하원 양극화 심화 현상에 일조했던 특정 공화당 하원의원들에 주목하면서, 이들이 이후 상원에 진출하여 상원의 양극화에도 큰 영향을 끼쳤다는 연구 결과를 발표했다(Theriault and Rohde 2011). 〈그림 2-4〉는 이념지수(DW-NOMINATE Scores)로 측정되는 양극화 정도를 분석한 결과 깅그리치 하원의장 시기에 하원의원이었던 공화당 상원의원들의 보수이념 정도가 다른 경우보다 월등히 높음을 보여 준다. 결국, 소위 이들 '깅그리치 상원의원들(Gingrich Senators)'은 하원과 상원이 인적자원과 양극화라는 연결고리로 이어져 있음을 보여 주는 구체적 사례일 뿐 아니라, 하원에만 존재하는 선거구 재조정(redistricting)과 하원 규칙위원회(Rules Committee)의 영향력 같은 변수들로는 원천적으로 설명이 불가능한 미국 상원의 양극화 현상을 이해하는 데 유익하다.

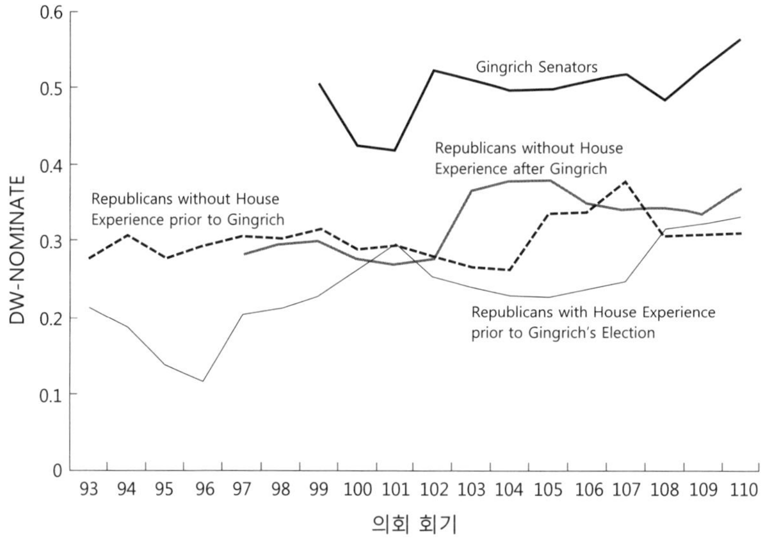

〈그림 2-4〉 '깅그리치 상원의원들': 하원의 경험과 상원 양극화(1973–2008)

출처: Theriault and Rohde(2011, 1015).

3. 현대 미국 의회 양극화의 원인[6]

현대 미국정치의 의회 양극화를 전체적으로 이해하기 위해서는 대체로 네 가지 정도의 기본적인 인식이 필요하다. 첫째, 의회 양극화는 단순히 의원들의 표결점수(voting score) 혹은 이념지표(ideological measure)만으로 설명될 수 있는 현상이 아니다. 둘째, 하원과 상원 공히 1970년 말 이후 양극화를 경험하고 있다. 셋째, 미국의 남부와 북부를 대표하는 의원들 모두 양극화되었지만, 특히 남부 출신들이 더욱 양극화된 행태를 보인다. 넷째, 의회에 새로 진출한 의원들이 기존 의원들보다 더욱 극단적 이념에 기초한 의정활동을 벌이지만, 현역 의원들 또한 점차 양극화된 표결 양상을 보인다. 이후에는 미국 의회 양극화의 원인과 과정을 선거구 재조정(redistricting), 유권자 재배열(big sort), 정당 활동가(party activists), 의회제도 등 다양한 관점을 통해 알아본다.

1) 선거구 재조정(redistricting)

미국헌법은 인구조사(census)를 통해 하원의 의석 수를 10년마다 재분배함으로써(apportionment) 동등한 대표성(equal representation)을 확보하도록 규정하고 있다.[7] 첫 번째 인구조사는 1790년 당시 국무장관이던 제퍼슨의 책임하에 진행되었고, 이후 10년 주기로 행해지는 인구조

---

6 이 부분은 Theriault(2008)를 주로 참조했음을 밝혀 둔다.

7 Article I Section 2. "Representatives and direct Taxes shall be apportioned among the several States which may be included within this Union, according to their respective Numbers, [...] The actual Enumeration shall be made within three Years after the first Meeting of the Congress of the United States, and within every subsequent Term of ten Years, in such Manner as they shall by Law direct."

사 결과를 토대로 현재 미국 하원 지역구는 대체로 70만-80만 명의 인구를 포함하도록 유지되고 있다. 또한 1912년 이래 하원의 의원 수를 435명으로 고정해 놓고 있기 때문에, 가장 최근에 행해진 2010년 인구조사 결과, 남부와 서부로 유입된 인구 이동 추세를 반영하여 텍사스는 4석을, 플로리다는 2석을 추가로 얻었고, 뉴욕과 오하이오는 오히려 각각 2석을 잃게 되었다.[8] 이러한 인구조사 결과와 하원의 의석 수 변동을 토대로 각 주 정부와 의회는 선거구 재조정 작업을 벌이고, 숫자 2로 끝나는 해(예를 들어, 1992년, 2002년, 2012년)의 선거 때 새로 바뀐 지역구 시스템으로 선거를 치른다.

선거구 재조정은 대부분 주의회 다수당의 의견이 반영되는데, 양극화와 연관된 문제는 주로 현직 의원들을 보호하고, 상대당 의원을 낙선시키는 쪽으로 선거구 재조정 작업이 이루어진다는 데 있다. 이 과정을 통해 보수적인 의원은 더 보수적으로, 진보적인 의원은 더 진보적으로 의정활동을 하게 되고(Carson et al. 2007), 온건파 후보가 의회에 진출할 수 있는 길이 막힘으로써 의원들 간의 불신이 더 커질 뿐 아니라 의회절차를 왜곡하게 되고, 결국 정치적 교착상태에 빠뜨리는 결과를 낳는다. 하지만 선거구 재조정을 의회 양극화의 주된 원인으로 파악하는 주장은 상원의 양극화를 애시당초 설명할 수 없다는 결정적인 비판에 직면하고 있다. 또한 양극화를 제대로 이해하기 위해서는 하원의 선거구(congressional districts)를 분석단위로 할 것이 아니라 카운티(county)와 커뮤니티(community)를 주로 관찰해야 한다는 주장이 제기되고 있다.

8 2010년 인구조사의 자세한 결과는 http://www.census.gov/2010census/data/ 참조.

2) 유권자 재배열(big sort)과 정당 활동가들(party activists)

유권자들이 자신들의 이념 성향에 따라 정당 충성도를 더욱 높이거나, 동질적인 정치인식을 가진 커뮤니티를 더욱 빈번하게 선택한다는 점 등을 고려해 유권자 재배열이 이루어지고, 결국 양극화를 초래한다는 입장이 있다(Abramowitz and Saunders 1998; Gimpel and Shucknecht 2003; Oppenheimer 2005). 이들 연구에 따르면, 실제로 하원 선거구 재조정과는 별개로 카운티와 커뮤니티에서 진보파는 민주당을, 보수파는 공화당을 선택하는 경향이 점점 더 강해지고 있고, 이주 등을 통해 같은 정치적 성향을 가진 사람들끼리 모여 사는 추세를 보인다고 한다.[9] 다시 말해, 미국 전체가 보수주(red states)와 진보주(blue states)로 확연히 갈라섰는지에 대한 논쟁은 여전히 논란이 있지만, 미국 유권자들이 시간이 흐르면서 정치 이념적으로 스스로를 재배치하고 있다는 점에 대해서는 이론이 제기된 적이 거의 없다. 미국 국민들은 점차로 교육과 소득 수준, 인종과 민족 등 정치적 결정과 밀접한 관계가 있는 변수들을 공유하는 커뮤니티에 끼리끼리 모여 사는 경향을 보이고 있고, 양대 정당과 각각의 소속 의원들은 서로 다른 배경과 선호를 가진 유권자들을 대변하게 된다. 민주당 의원들은 인종적으로 다양하고 소득수준이 낮은 유권자들을, 공화당 의원들은 백인 위주의 중산층과 부유층을 대표하게 되는데, 결국 동질적 지역구민들을 대표하는 안정적 지역구(safe districts) 출신 의원들은 의회에서 타협의 필요성을 상대적으로 덜 느끼며 이념적 정향에 더욱 철저하게 된다는 주장이다.

---

9 이와는 다소 다른 맥락으로, 다른 주로의 이동(in-migration)이 미국 대선의 향방을 결정짓는다는 연구도 있다. 예를 들어, Hood III와 McKee(2010)는 2008년 대선에서 노스캐롤라이나 주가 민주당 후보인 오바마를 선택한 이유는 북동부에서 남부주로 이동한 유권자들이 진보이념을 그대로 보유하고 있었기 때문이라고 본다.

선거구 재조정 혹은 유권자 재배열 등을 양극화의 근인으로 보는 학자들과 마찬가지로, 정당 활동가들(party activists)의 극단적 입장과 선택에 주목하는 연구도 양극화의 원인을 선거와 유권자 단위에서 찾는다. 지역적으로 정치적 선호가 점점 동질적으로 변하고, 지역구 경계가 이념에 충실한 현역 의원에게 유리한 쪽으로 설정되고 있는 상황이라면, 미국 선거제도의 특성상 본선(general elections)보다는 예비선거(primary elections)의 중요성이 높아지고 경쟁도 심해질 것이라고 예상해 볼 수 있다. 실제로, 남북전쟁 이후 1960년대에 이르기까지 오랜 기간 동안 민주당의 깃발만 있으면 본선에서의 승리는 확정적이었던 미국 남부지역("Solid South")에서 본선보다는 예비선거가 훨씬 치열했던 상황과 유사하다.[10] 결국 본선보다 예비선거에서 중위투표자(median voter)의 입장과 성향이 중요해졌고, 예비선거 무대에서 맹활약하는 정당 활동가들의 기호에 맞는 의정활동은 자연스럽게 양극화의 길을 갈 수밖에 없다는 추론이다.

3) 의회제도(institutional dimension)

역사적으로 볼 때, 의회의 조직과 규칙 제정, 의사 일정, 본회의 운영 등 의회정치 전반에 결정적 영향을 미치는 요소 중 하나는 상임위원회 중심인가, 당 지도부 중심인가의 문제이다. 윌슨(Woodrow Wilson)은 1885년 자신의 저작에서 상임위원회 활동이야말로 의회가 일하고 있다는 증거라면서 상임위원회 중심 시스템을 적극 지지하였다.

---

10 민주당 하원의 온건파 그룹인 블루독 연합(Blue Dog Coalition) 명칭의 기원과 관련하여, 남부에서는 동네 개(yellow dog)라도 선거에 민주당 후보로만 나온다면 당선 확정이라는 풍자가 있었고, 그 동네 개가 보수와 진보 양쪽으로부터 협공을 받아 질식사 직전의 파랗게 질린 개(blue dog)로 변했다는 데서 블루독 연합이 유래했다는 설명이 있다〔하원의 매킨타이어 의원(Rep. Mike McIntyre, D-NC)과의 인터뷰 중에서〕.

실제로 1910년 막강한 권한을 휘두르던 하원의장 캐넌(Joseph Cannon, R-IL)을 양당의 온건파들이 축출하면서부터("Revolt against Cannon") 시작된 소위 '교과서 의회(Textbook Congress)'에서는 주로 상임위원회 위원장들이 권한을 나누어 가진 채 약한 당 지도부를 견제하였다. 레이번(Sam Rayburn) 하원의장의 스타일에서 보이듯이, 당 지도부는 선임자 우선주의(seniority rule)에 의거하여 선출된 상임위원회 위원장들에게 철저히 권한을 이양하고, 상임위원장들의 정치적 성향과 의견을 존중하여 당의 입장을 정하곤 했다. 하지만, 앞서 지적한 대로, 정치적 재편(partisan realignment) 등을 통해 신진세력이 의회에 진입하면서, 상임위원장 중심 체제는 서서히 허물어져 갔는데, 이 과정에서 소위원회(subcommittee) 위원장들은 실질적 권한을 확보하였고, 당 소속 의원들은 일사 분란한 선거승리와 당 색채가 분명한 법안을 통과시키기 위해 당 지도부에게 더욱 힘을 실어 주었으며, 초선 의원들은 본회의에서의 수정안 제안과 발언 기회 등을 활용하여 상임위원장 중심으로 돌아가던 의회 운영 방식에 제동을 걸기 시작하였다. 결국, 문을 걸어 잠근 채 타협에 성공할 때까지 대화를 계속하던 상임위원회 중심의 시스템이 당 지도부 위주의 체제로 변하고, 본회의에서의 수정안과 의사진행발언, 필리버스터(filibuster) 등 유권자와 이익단체만을 염두에 둔 '과시용' 의회정치로 변질되면서 양극화 경향이 더욱 심화되었다는 주장이 제기된다.

특히 필리버스터 혹은 필리버스터 위협(threat of filibuster)은 상원의 양극화 현상과 밀접한 관련이 있다. 미국 헌법은 기본적으로 의회의 의사규칙과 절차는 하원과 상원에서 정하도록 규정하고 있는데, 대부분의 입법부와 마찬가지로 미국 하원은 1811년 표결규칙(previous question rule)을 채택함으로써, 토론을 중지하고 표결로 넘어가는 의회절차를 도입하였다(Binder 1997). 이에 반해 미국 상원은 1917년 제

1차 세계대전에 개입한 직후에야 비로소 윌슨 대통령과 국민여론의 압박으로 토론 종결 절차(cloture rule, Senate Rule XXII)를 채택함으로써, 필리버스터를 막는 제도적 장치를 처음으로 만들었다. 또한, 필리버스터와 유사한 제도인 '유보권(holds)'은 누가 제기했는지를 밝히지 않아도 된다는 점에서 더욱 혼란스러운 상원 내 의사진행방해 절차라고 볼 수 있다. 잘 알려진 대로, 1960년대에 흑인인권과 참정권 보장을 위한 법안들이 상정되면서부터 남부 출신 상원의원들이 필리버스터를 적극 활용하기 시작했고, 이후 1970년대 말 이후부터 꾸준히 필리버스터 위협의 빈도수가 증가하여 현재는 상원에서의 법안 통과를 위해서는 통상적으로 60표를 확보해야 한다고 인식되고 있다. 이러한 필리버스터 혹은 필리버스터 위협은 주로 정치 이념적으로 절대 물러설 수 없는 주요 법안들에 적용되고 있으므로 양극화의 요인으로 인식되고 있고, 또한 미국정치에서 중요한 역할을 감당하는 법원의 인사 문제에서도 빈번하게 사용됨으로써, 보수와 진보로 분열된 워싱턴 정치의 갈등을 더욱 부추긴다고 알려져 있다.

4. 의회 양극화와 미국 대통령제

대통령제가 의회정치의 양상에 미치는 영향은 정책결정, 선거경쟁 등의 과정을 통해 증폭된다고 볼 수 있다. 우선, 1930년대 말부터 1970년대 초까지 미국정치사에서 비교적 양극화의 정도가 약했던 시기의 정당 시스템을 살펴보면, 민주당과 공화당 모두 당 내부에 이념과 지역을 달리하는 정파가 혼재해 있었음을 알 수 있다. 당시에는 시장경제와 복지정책, 국제정치와 외교정책, 사회·문화정책 등 거의 모든 이슈 영역에서 민주당의 경우 기존의 남부 출신 중진급 보수파가 북동부를 기반으로 한 신진 진보파의 거센 도전을 받았다. 한편, 공화당의 경우 전통적 지지기반이었던 북동부 출신 의원들의 '경제정책은 보수, 사회 이슈는 진보'라는 접근법이 점차 퇴색하고, 급속히 세를 확장한 남부 의원들의 '경제와 사회정책 모두 보수'라는 아이디어가 점점 대세를 이루었다.[11] 결국 1970년대 말 이후 민주당 안에서는 남부 보수파가 은퇴 및 낙선 등을 이유로 퇴보하고, 북부 진보파가 영향력을 확대함으로써 당내 단합도(party unity)는 높아진 반면(Rohde 1991; 유성진 2012), 공화당 내부 역시 낙태찬성(pro-choice) 등 사회·문화 이슈에 진보적 입장을 보인 북동부 의원들 수가 점점 줄어듦으로써, 당 전체의 정책선호와 이념정향이 단일화되는 방향으로 변화했는데, 결국 이러한 추세가 바로 현재 미국정치를 지배하는 양극화 현상의 단초가 되었다(Seo and Theriault 2012). 또한 이 시기에 양극화가 촉발되고 공고해진 이면에는 세금, 복지, 종교, 문화, 국방비, 핵개발 등 거의 모든 정치적 쟁점에서 보수 드라이브를 밀어붙였던 레이건 대통령의 1980년 선거 승리와 1984년 대선 압승이 자리 잡고 있다고 해도 과언이 아니다.[12]

사실, 대통령이 의회 양극화에 미치는 구체적 영향과 그 경로에 대한 실증적인 분석은 의외로 많지 않다. 대통령-의회 관계 연구의 대부분은 대통령이 의회를 상대로 의제(agenda)를 설정하고 의회 내의 지지를 얻어 자신의 정책 목표를 달성할 수 있느냐에 집중되어 왔고, 대통령의 리더십이 의회 내 정파 간 갈등을 부추기거나 잠재우는

11 Miller와 Schofield(2008) 등은 경제와 사회·문화 두 차원의 이슈 영역에서 민주당과 공화당이 상대당의 소수파를 공략하는 소위 '측면공략전술(flanking move)'을 통해 당세를 확장하려고 한 시도들을 공간이론(spatial theory)으로 설명한다.

12 레이건 대통령과 그 시기의 정치에 대한 전반적인 설명은 Wirls(1992)와 Wilentz(2008) 참조.

독립변수로 작용할 수 있다는 측면은 간과되어 왔다. 대통령의 리더십과 의회 내 정파 간 갈등에 관한 한 연구(Lee 2008)는 대통령이 자신의 입장을 분명히 밝히는 정책 의제를 중심으로 의회가 더욱 양극화되었음을 밝혔는데, 이는 의원들 개인의 이념 및 선호와는 별개로 대통령과 같은 당 소속인지의 여부가 의회 내 의사결정과 표결 과정에서 중요한 변수로 작용한다는 점과 연결되어 있다. 같은 당 소속이라면 설사 정책선호가 대통령과 정확히 일치하지 않더라도 '우리 대통령'을 옹호해야(embracing) 한다는 이유로, 상대 당 소속이라면 대통령과 정책선호가 그리 다르지 않음에도 불구하고 '남의 대통령'을 깎아내려야(embarrassing) 한다는 이유로 의회 내 정당 양극화가 심화된다는 주장이다(Gilmour 1995; Seo 2010; 손병권 2012). 대통령의 정책 프로그램들은 단순히 의회 내에서 고려되고 토의되는 사안의 성격을 넘어서 대통령이 소속된 당을 대표하는 정책으로 자리매김함으로써 선거 과정에서 정당의 이름값 혹은 상품가치(party brand name)에 큰 영향을 미친다.

선거 경쟁을 둘러싼 양극화와 대통령제 간의 상호작용은 역대 대통령들의 정당 건설(presidential party building) 측면에서도 발견할 수 있다.[13] 그동안의 양극화 연구는 분점정부(divided government) 등에 초점을 맞춘 의회와 대통령의 역학관계에 집중되어 왔는데(Bond and Fleisher 2000), 의회 양극화는 정당 양극화에 기초한 것이고 정당 양극화에 있어 핵심적 역할을 하는 정치 주체가 대통령이었다는 점에서 대통령-정당 관계에 대한 논의가 더욱 필요한 실정이다. 예를 들

13 대통령과 정당의 관계를 체계적으로 연구한 학자는 의외로 많지 않은데, 미국정치의 경우는 Skowronek(1993), Milkis(1993), James(2000), Galvin(2010) 등이 있고 한국정치의 경우는 정진민(2008) 등을 참조할 수 있다.

어, 2012년 대선에서 사회·문화 이슈에 대해 보수 입장을 견지하느라 공화당은 라티노와 아시안계 소수인종들로부터 철저히 외면당했다. 그 결과, 남부의 백인 기독교도들만의 정당으로 전락했다는 거센 비판에 직면했고, 2016년 대선을 위한 당의 진로를 놓고 내부 노선 투쟁이 한창 진행 중이다. 요컨대, 미국 대통령제하에서의 정당 시스템에서는 아무리 당내 단합을 통해 상대 당과 차별성을 보여도 대통령 선거에서의 잇따른 패배가 예견된다면, 그 정당은 당내 분열을 감수하고서라도 새로운 정책을 내놓고 새로운 정당으로의 변모를 추구할 가능성이 크다. 가까운 예로, 1980년부터 내리 세 차례의 대선을 공화당에게 내주고 나서야 민주당은 남부 출신의 젊은 주지사 클린턴을 영입하여, 과거와 결별을 시도하는 '새로운 민주당원(New Democrats)'이란 선거 캠페인을 통해 대선 승리와 당의 노선 변경을 모색한 바 있다.

한 가지 특이한 현상은, 클린턴 대통령이 처음 집권한 1993년 이후 현재의 오바마 2기 행정부에 이르기까지, 세 차례 연속 현직 대통령이 재선에 성공하고, 다음 대권은 상대 당에게 내어 주었다는 점이다. 이는 미국 정치사에서 제퍼슨, 매디슨, 먼로에 이르는 1801년부터 1824년의 기간을 제외하곤 단 한 차례도 발생하지 않았던 패턴이다. 더욱이, 1800년대 초의 상황은 같은 당 현직 대통령들이 소위 버지니아 정치가문(Virginia Dynasty)을 이루며 재선에 성공했던 데 비해, 1980년대 양극화 이후 상황은 1988년부터 4년간 단임에 그쳤던 아버지 부시 대통령(George H. W. Bush)의 경우를 제외하면, 1980년부터 공화당(레이건)-민주당(클린턴)-공화당(부시, 43대)-민주당(오바마) 등 8년씩 번갈아 집권하는 양상을 보여 왔다. 이런 측면에서, 2016년 대선이 주요 분수령이 될 수 있는데, 지금까지의 패턴대로 이번에는 공화당이 대권을 획득하게 될 것인지, 혹은 힐러리 클린턴(Hillary Clinton)을 내세운 민주당이 각계각층의 유권자들을 최초의 여성 대통령이라는 슬로건 아래로 묶어서 다시 한 번 선거에 승리할지 주목된다. 만약, 민주당에게 다시 한 번 대통령 선거에서 패한다면 이는 공화당의 약화와 분열을 촉발할 것이고, 민주당의 효과적인 정치전략 사용 여하에 따라 현재의 양극화 양상에 일정 수준의 변화가 생길 수도 있을 것이다.

5. 결론: 한국 국회와 양극화

보수 대 진보 간의 이념적 대립이라는 양극화의 현상적 측면에서 보면 한국과 미국의 정치가 일견 유사해 보이는 점이 있지만, 실상 미국 의회와 직접 비교하여 한국 국회의 양극화를 설명하는 데에는 무리가 따른다.[14] 미국정치와 한국정치는 여러 가지 상이한 점이 있다. 가장 큰 차이를 꼽자면, 미국 건국 당시에는 정부의 역할과 대통령의 권한을 둘러싸고 의회 내에서 소위 '위대한 논쟁(Great Debate)'을 벌였지만, 한국의 국가건설기에는 이러한 권력 분립과 균형에 대한 논의가 거의 이루어지지 않았다는 점이다. 미국은 건국 당시 강력한 대통령제에 대한 엄청난 불신감을 기초로 다양한 헌법장치와 현실정치를 통해 행정부의 권한을 견제했던 반면, 한국의 경우 신생 민주주의가 정착하는 과정에서의 혼란과 연이은 군사정권 수립 과정에서 경제발전을 위한 적극적인 정부 역할에 대한 비판적 검토와 논의가 정치권 혹은 국민 어느 쪽에 의해서도 제기되지 않았다. 또한, 1987년 민주화 이전까지 한국정치의 지형은 주로 독재철폐와 대통령 직선 실현에 초점이 맞추어져 있었고, 1990년대 이후에도 대통령 후보를 중

---

14 한국 국회의 양극화 현상에 대해서는 김재한(2012) 참조.

심으로 한 인물 중심의 정당정치와 그에 따른 지역주의 정서가 선거와 정치를 오랫동안 판가름해 왔다. 더구나, 선거철마다 여전히 막강한 힘을 발휘하는 정당 지도부의 후보공천제도는 상향식 정치발전을 저해하고, 독립된 헌법기관으로서의 국회의원들이 가져야 하는 자율성과 전문성을 불가능 혹은 심지어 불필요하게 만드는 요소로 작용하는 측면이 적지 않다. 다시 말해, 한국 의회정치에서 발견되는 정당 내의 강한 기율과 정당 간 무한 경쟁의 배경과 원인은 미국정치의 의회 양극화 관련 논의들로는 설명하기 어려운 것이 사실이다.[15]

그럼에도 불구하고, 비교정치적 관점에서 한국의 의회정치를 이해하는 데 있어서 기존 미국 정당들의 의회 내 영향력에 대한 연구들을 원용해 보는 것은 의미가 있다. 예를 들어, 크리벌(Keith Krehbiel)의 "정당은 선호가 같은 의원들의 집합체에 불과하다"는 파격적 주장(Krehbiel 1993)으로 촉발된 미국정치학자들의 정당의 영향력에 관한 대표적인 연구 중 하나는 '조건적 정당정부 이론(the theory of conditional party government)'이다. 올드리치(John Aldrich)와 로디(David Rohde)가 주도하는 '조건적 정당정부 이론'은 의원 개개인의 선호가 비슷하다는 조건이 충족된다면, 선거경쟁과 정책결정 과정에서 정당 지도부에 권한이 대폭 위임되고, 이에 따라 정당의 영향력(party influence)이 증대한다는 주장이 그 핵심이다(Rohde 1991; Aldrich 1995; Aldrich et al. 2002; 임성호 2002). 정당의 영향력과 관련한 다른 한편의 대표 이론은 콕스(Gary W. Cox)와 매커빈스(Mathew D. McCubbins)의 '카르텔 이론(the cartel theory of party)'인데, 이는 당내 구성원 간의 집단행동 문제(collective action problems)를 해소하고, 정당에 대한 평판과 선거 승

15 한국 정당들의 당내단합도와 정당충성도에 관해서는 Hix and Jun(2009), 전진영(2010), 문우진(2011) 참조.

리 가능성을 높이기 위해 소속 의원들의 선호와는 크게 상관없이 막강한 당 지도부가 구성된다는 주장이다(Cox and McCubbins 1993, 2005). 정당 양극화 관련 이 두 가지 다른 이론적 논의를 비교해 볼 때, 한국 정당의 내부 결속 과정과 지도부 영향력의 기원과 관련해서는 소속 의원들의 '선호도 일치와 자발적 위임'이라는 조건적 측면과는 동떨어져 있다는 점에서 조건적 정당정부 이론보다 카르텔 이론의 적실성이 비교적 더 높다고 할 것이다. 하지만, 의원 입법보다는 행정부 입법이 여전히 더 큰 비중을 차지하고, 의회 내 다수당과 소수당 간의 정책 토의와 표결의 관행이 확실히 자리 잡지 못한 한국 국회의 상황을 고려한다면, 정당단합을 저해하는 법안들은 본회의에 상정되지 못하도록 하는 의회 다수당 지도부의 '부정적 의제 억제력(negative agenda control)'을 주요 연구주제로 삼는 카르텔 이론도 평면적인 적용에는 한계가 있다고 여겨진다.

사실, 기존의 의회 및 정당 이론 틀의 적용 가능성 여부를 떠나 우선적으로 한국 국회 양극화 현상의 실체를 파악하는 데에는 19대 국회의원을 대상으로 이념 성향을 분석한 연구가 선행되어야 할 것이다. 강원택(2012)은 의원들의 주관적 이념 성향(self-placement)과 다양한 정책 영역(외교·안보, 경제, 사회, 탈물질)에서의 이념 성향을 조사했는데, 이전에 비해 정당별 이념적 입장 차이가 보다 뚜렷해졌음을 발견하였다(〈그림 2-5〉 참조). 특히 흥미로운 사실은 '경제이념' 영역에서 보수정당인 새누리당의 입장이 다른 이슈 영역에 비해 민주통합당과의 차이가 크지 않다는 점과 새누리당, 민주통합당, 통합진보당 가운데 상대적으로 새누리당이 이념적 스펙트럼이 넓고, 통합진보당이 당내 이념적 동질성이 가장 높다는 점이다. 이는, 역사적으로 볼 때, 미국의 경우 진보 쪽에 가까운 민주당이 소위 '거대정당(big-tent party)'으로서 다양한 이념집단을 포용해 온 반면, 보수 공화당은

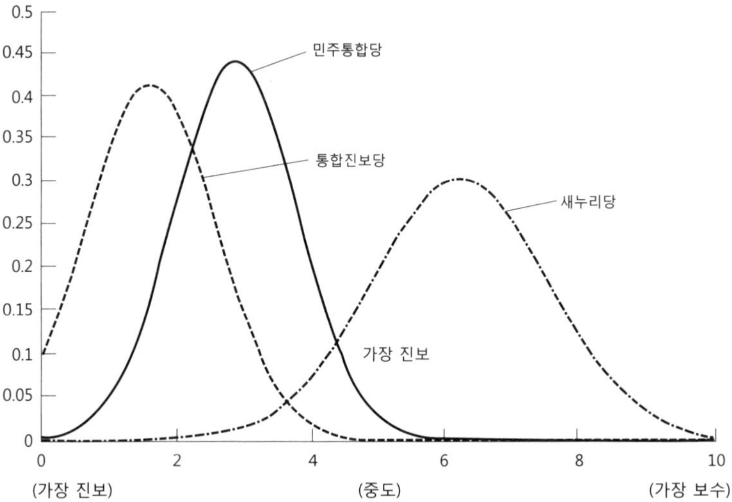

〈그림 2-5〉 19대 한국 국회의원들의 정당별 주관적 이념 차이

출처: 강원택(2012)의 표 2를 그래프로 재구성.

당내 단합도가 높았다는 사실과 비교해 보면 상이한 점이다. 이는 특히 '경제민주화'와 '복지국가'가 화두였던 19대 총선 당시 출마자들의 이념 성향에 근거한 조사 결과라는 측면과 관련이 있을 것으로 추정된다.

결론적으로, 미국 의회 양극화는 최근의 총기규제법안 상원 통과 실패, 연방정부 일시폐쇄 사태 등에서 볼 수 있듯이, 미국정치의 교착상태(stalemate)를 더욱 악화시키고, 산적한 논쟁적 이슈들을 풀어 갈 주도적 협상세력의 부재를 장기화시키는 결과를 초래하였다. 한국의 경우에는, 여전히 국회의 국정 운영능력이 부족하고, 대통령제하에서 정당 건설의 역사 또한 일천할 뿐만 아니라, 국회 내 정당들의 극단적 반목으로 인해 소속 국회의원들이 주로 문제해결의 정치협상("Congress at work")보다는 입장 차이만 극대화하는 보여주기식 정치

("Congress on display")에 더욱 열중하는 경향이 크다(Bianco 2000). 의회 정치의 양극화는 더욱이 한미 양국 모두 뉴미디어 정치 시대를 만나면서 트위터, 페이스북, 유튜브 등 소셜미디어(social media)를 통해 갈등이 과거보다 쉽고 빠르게 증폭되는 양상을 보이고 있다. 결국, 이념적 측면과 소통적 측면 모두 의회 양극화를 완화시키기에는 불리한 환경을 가져온 것임에 틀림없는데, 뉴딜 시대의 적극적 정부 리더십에 대한 신뢰 또한 현대 한미 양국에서 찾아보기 어렵다는 데에 더욱 근본적인 문제가 있다 할 것이다.

참고문헌

강원택. 2012.「제19대 국회의원의 이념 성향과 정책 태도」.『의정연구』18(2): 5-38.

김재한. 2012.『대한민국 국회: 불신과 양극화』. 춘천: 한림대학교출판부.

문우진. 2011.「다당제에서의 당파표결과 정당충성도: 17대 및 18대 전반국회 분석」.『의정연구』17(2): 5-40.

손병권. 2012.『기후변화 대처와 미국 패권의 딜레마: 국제적 공공재 창출에 대한 국내적 저항』. 서울: 서강대학교출판부.

유성진. 2012.「오바마 이후 미국의회, 양극화는 완화되었나?」.『한국정당학회보』11(3): 187-211.

임성호. 2002.「미국 의회-대통령 관계의 변화와 지속성: 대통령 반대당의 영향력을 중심으로」.『한국정치학회보』36(3): 333-351.

전진영. 2010.「제18대 국회 원내정당의 정당응집성 분석」.『한국정당학회보』9(2): 119-139.

정진민. 2008.『한국의 정당정치와 대통령제 민주주의』. 서울: 인간사랑.

Abramowitz, Alan I. 2010. *The Disappearing Center*. New Haven: Yale University Press.

Abramowitz, Alan I., and Kyle L. Saunders. 1998. "Ideological Realignment in the U.S. Electorate." *Journal of Politics* 60(Aug): 634-652.

Abramowitz, Alan I., and Kyle L. Saunders. 2008. "Is Polarization a Myth?" *Journal of Politics* 70(2): 542-555.

Aldrich, John H. 1995. *Why Parties?* Chicago: The University of Chicago Press.

Aldrich, John H., Mark M. Berger, and David W. Rohde. 2002. "The Historical Variability in Conditional Party Government, 1877-1994." In *Parties, Procedure, and Policy: Essays on the History of Congress*, edited by D. Brady and M. McCubbins. Stanford: Stanford University Press.

Bafumi, Joseph, and Joseph M. Parent. 2012. "International Polarity and America's Polarization." *International Politics* 49(1): 1-35.

Bianco, William T., ed. 2000. *Congress on Display, Congress at Work*. Ann Arbor: The University of Michigan Press.

Binder, Sarah A. 1996. "The Disappearing Political Center." *The Brookings Review* 15(Fall): 36-39.

Binder, Sarah A. 1997. *Minority Rights, Majority Rule*. New York: Cambridge University Press.

Bianco, William T. 2000. *Congress on Display, Congress at Work*. Ann Arbor: The University of Michigan Press.

Bishop, Bill. 2008. *The Big Sort: Why the Clustering of Like-minded America is Tearing Us Apart*. Boston: Houghton Mifflin Harcourt.

Bond, Jon R., and Richard Fleisher, eds. 2000. *Polarized Politics: Congress and the President in a Partisan Era*. Washington, D.C.: CQ Press.

Brewer, Mark D., and Jeffrey M. Stonecash. 2009. *Dynamics of American Political Parties*. Cambridge: Cambridge University Press.

Burnham, Walter Dean. 1970. *Critical Elections and the Mainsprings of American Politics*. New York: Norton.

Carson, Jamie, Michael H. Crespin, Charles J. Finocchiaro, and David W. Rohde. 2007. "Redistricting and Party Polarization in the U.S. House of Representatives." *American Politics Research* 35(Nov): 878-904.

Center for Politics, University of Virginia. 2010. http://www.centerforpolitics.org/crystalball/articles/tfs2010071501/.

Champagne, Anthony, Douglas B. Harris, James W. Riddlesperger Jr., and Garrison Nelson. 2009. *The Austin-Boston Connection: Five Decades of House Democratic Leadership, 1937-1989*. College Station: Texas A&M University Press.

Coleman, John J. 1997. "The Decline and Resurgence of Congressional Party Conflict." *Journal of Politics* 59(Feb): 165-184.

Cox, Gary W., and Mathew D. McCubbins. 1993. *Legislative Lebiathan: Party Government in the House*. Berkeley: University of California Press.

Cox, Gary W., and Mathew D. McCubbins. 2005. *Setting the Agenda: Responsible Party Government in the U.S. House of Representatives*. Cambridge: Cambridge University Press.

Crabb, Jr. Cecil V., Glenn J. Antizzo, and Leila E. Sarieddine. 2000. *Congress and he Foreign Policy Process: Modes of Legislative Behavior*. Baton Rouge: Louisiana State University Press.

Fiorina, Morris P. 2006. *Culture War? The Myth of a Polarized America*. 2nd ed. New York: Pearson Longman.

Fiorina, Morris P., and Samuel J. Abrams. 2008. "Political Polarization in the American

Public." *Annual Review of Political Science* 11: 563-588.

Fleisher, Richard, and Jon R. Bond. 2004. "The Shrinking Middle in the US Congress." *British Journal of Political Science* 34: 429-451.

Foner, Eric. 1990. *A Short History of Reconstruction*. New York: Harper & Row.

Galvin, Daniel J. 2010. *Presidential Party Building: Dwight D. Eisenhower to George. W. Bush*. Princeton: Princeton University Press.

Gilmour, John. 1995. *Strategic Disagreement: Stalemate in American Politics*. Pittsburgh: University of Pittsburgh Press.

Gimpel, James A., and Jason E. Schuknecht. 2003. *Patchwork Nation: Sectionalism and Political Change in American Politics*. Ann Arbor: University of Michigan Press.

Groeling, Tim, and Samuel Kernell. 2000. "Congress, the President, and Party Competition via Network News." In *Polarized Politics: Congress and the President in a Partisan Era*, edited by Jon R. Bond and Richard Fleisher. Washington, D.C.: CQ Press.

Han, Hahrie, and David W. Brady. 2007. "A Delayed Return to Historical Norms: Congressional Party Polarization after the Second World War." *British Journal of Political Science* 37: 505-531.

Hetherington, Marc J. 2001. "Resurgent Mass Partisanship: The Role of Elite Polarization." *American Political Science Review* 95(3): 619-631.

Hix, Simon, and Hae-Won Jun. 2009. "Party Behaviour in the Parliamentary Arena: The Case of the Korean National Assembly." *Party Politics* 15(6): 667-694.

Hood III, M. V., and Seth C. McKee. 2010. "What Made Carolina Blue? In-Migration and the 2008 North Carolina Presidential Vote." *American Politics Research* 38(2): 266-302.

Howell, William G. 2003. *Power Without Persuasion: The Politics of Direct Presidential Action*. Princeton: Princeton University Press.

Jacobson, Gary C. 2001. *The Politics of Congressional Elections*. 5th ed. New York: Addison Wesley Longman.

Jacobson, Gary C. 2003. "Partisan Polarization in Presidential Support: The Electoral Connection." *Congress and the Presidency* 30(1): 1-36.

James, Scott C. 2000. *Presidents, Parties, and the State: A Party System Perspective on Democratic Regulatory Choice, 1884-1936*. Cambridge: Cambridge University Press.

Key, V. O. 1955. "A Theory of Critical Elections." *The Journal of Politics* 17: 3-18.

Klinkner, Philip A. 2004. "Red and Blue Scare: The Continuing Diversity of the American Electoral Landscape." *The Forum: A Journal of Applied Research in*

Contemporary Politics 2(2): Article 2.

Krehbiel, Keith. 1993. "Where's the Party?" *British Journal of Political Science* 23: 235-266.

Kupchan, Charles, and Peter Trubowitz. 2007. "Dead Center: The Demise of Liberal Internationalism in the United States." *International Security* 32(2): 7-44.

Layman, Geoffrey C. 2001. *The Great Divide: Religion and Cultural Conflict in American Party Politics*. New York: Columbia University Press.

Lee, Frances E. 2008. "Dividers, Not Uniters: Presidential Leadership and Senate Partisanship, 1981-2004." *Journal of Politics* 70(4): 914-928.

Lee, Frances E. 2009. *Beyond Ideology: Politics, Principles, and Partisanship in the U.S. Senate*. Chicago and London: The University of Chicago Press.

Mayhew, David R. 1991. *Divided We Govern: Party Control, Lawmaking, and Investigations, 1946-1990*. New Haven: Yale University Press.

Miller, Gary, and Norman Schofield. 2008. "The Transformation of the Republican and Democratic Party Coalitions in the U.S." *Perspectives on Politics* 6: 433-450.

Milkis, Sidney M. 1993. *The President and the Parties: The Transformation of the American Party System since the New Deal*. New York: Oxford University Press.

Neustadt, Richard. 1960. *Presidential Power and the Modern Presidents*. New York: Free Press.

Oppenheimer, Bruce I. 2005. "Deep Red and Blue Congressional Districts." In *Congress Reconsidered*, edited by Lawrence C. Dodd and Bruce I. Oppenheimer. 8th ed. Washington, D.C.: CQ Press.

Poole, Keith T. 2005. "The Decline and Rise of Party Polarization in Congress during the Twentieth Century." *Extensions* (Fall).

Roberts, Jason M., and Steven S. Smith. 2003. "Procedural Contexts, Party Strategy, and Conditional Party Voting in the U.S. House of Representatives, 1971-2000." *American Journal of Political Science* 47: 305-317.

Rohde, David W. 1991. *Parties and Leaders in the post Reform House*. Chicago: The University of Chicago Press.

Rudalevige, Andrew. 2006. "Charting a New Imperial Presidency." *Presidential Studies Quarterly* 36(3): 506-524.

Seo, Jungkun. 2010. "Vote Switching on Foreign Policy in the U.S. House of Representatives." *American Politics Research* 38(6): 1072-1101.

Seo, Jungkun, and Sean M. Theriault. 2012. "Moderate Caucuses in a Polarized U.S. Congress." *Journal of Legislative Studies* 18(2): 203-221.

Sharp, James Roger. 1993. *American Politics in the Early Republic*. New Haven: Yale University Press.

Sinclair, Barbara. 2006. *Party Wars: Polarization and the Politics of National Policy Making*. Norman: The University of Oklahoma Press.

Skowronek, Stephen. 1993. *Politics Presidents Make*. Cambridge: Belknap Press of Harvard University Press.

Smith, Steven S. 2007. *Party Influence in Congress*. Cambridge: Cambridge University Press.

Stonecash, Jeffrey M., Mark D. Brewer, and Mack D. Mariani. 2003. *Diverging Parties: Social Change, Realignment, and Party Polarization*. Boulder: Westview Press.

Theriault, Sean M. 2006. "Party Politics during the Louisiana Purchase." *Social Science History* 30(2): 293-323.

Theriault, Sean M. 2008. *Party Polarization in Congress*. New York: Cambridge University Press.

Theriault, Sean M., and David W. Rohde. 2011. "The Gingrich Senators and Party Polarization in the U.S. Senate." *Journal of Politics* 73(4): 1011-1024.

Ware, Alan. 2006. *The Democratic Party Heads North, 1877-1962*. Cambridge: Cambridge University Press.

Wilentz, Sean. 2008. *The Age of Reagan: A History, 1974-2008*. New York: Harper Collins Publishers.

Wirls, Daniel. 1992. *Buildup: The Politics of Defense in the Reagan Era*. Ithaca: Cornell University Press.

3장

사회운동의 활성화와 정치과정의 변화:
티파티운동과 월가점령대운동, 그리고 2008년 촛불집회

유성진

1. 서론

정보화 혁명이 본격화된 21세기에 전 세계적으로 새로운 형태의 사회운동이 목격되고 있다. 수년 전 북아프리카와 중동 지역에 큰 변화를 불러일으켰던 '민주화 운동'은 해당 국가들의 정치체제를 변화시키는 기폭제가 되었으며, 2009년 글로벌 금융위기와 맞물려 등장한 '점령하라' 운동은 미국을 시작으로 하여 세계 각국으로 퍼져나가 시민운동의 폭발력을 보여 준 바 있다. 더불어 정부의 시장개입과 증세정책에 반대하는 '티파티운동' 역시 보수주의 성향을 담고 있는 시민운동의 대명사가 되었다. 2008년 광우병 사태로 촉발된 우리나라의 '촛불집회'도 이전과 다른 새로운 형태의 사회운동이 활성화된 모습이었다.

이런 새로운 양상의 사회운동은 시간과 공간이라는 의사소통에의 물리적 제약을 크게 감소시킨 정보화 혁명에 힘입은 바 크다. 인터넷 공간을 활용한 소셜네트워크서비스의 확산은 시민들 상호 간 정보소통을 이전과는 다른 방식으로 활성화시켰으며, 이는 여러 가지 사회 쟁점 사안에 대한 의견교환은 물론이고 관심 사안을 중심으로 한 군집적인 '운동'이 활발하게 발생할 수 있는 기반을 제공하였다.

정보화 혁명이 수반한 이와 같은 변화는 대의제 민주주의의 정치과정에도 큰 변화를 가져왔다. 통상 이해되는 대의제 민주주의가 선거와 같은 대의제 기제를 통해 공동체 구성원들이 자신들의 '대표자들(representatives)'을 선출하고, 선출된 대표자들이 '시민들'을 위한 정책을 실행하고 평가받는 일련의 상호작용을 통해 안정적으로 구현된다면, 정보화 혁명은 이와 같은 대의제 민주주의의 운영방식에 복잡성을 한층 더했다. 정보화 기술로 무장한 시민들은 정당과 정치인 등 대의제 민주주의의 '매개체'를 활용하여 선호를 전달하는 방식을 넘어서 직접적인 참여를 통해 정당과 대의제 민주주의의 정책결정과정에 영향을 미칠 수 있게 되었다.[1]

이러한 변화에 착안하여 이 글은 정보화 혁명 이후 크게 활성화된 사회운동을 사례로 하여 그것이 이전의 사회운동과 어떠한 차이를 보이고 있는지 살펴보고, 새로운 사회운동의 활성화가 대의제 민주주의의 정치과정에 어떠한 영향을 미쳤는지 진단, 평가하는 것을 목적으로 한다. 이 연구에서 분석대상으로 삼고 있는 사례는 한국과 미국의 사회운동이다. 최근 한미 양국은 시민사회와 국가의 관계를 분석하는 데 있어서 의미 있는 사회운동의 사례를 동시에 경험한 바 있다. 미국에서는 진보 성향의 풀뿌리 시민운동이라 볼 수 있는 '월가점령대운동(Occupy Wall Street movement)'과 수년 전 태동한 뒤 미국 정가에 지각변동을 가져온 보수 성향의 풀뿌리 시민운동인 '티파티

1 대중의 직접적인 정치참여 활성화의 이면에는 정당이 능력 문제로 제 기능을 수행하지 못하거나 정치사회를 신뢰하지 못하는 유권자들의 인식이 자리하고 있음은 두말할 나위가 없다.

운동(Tea Party movement)'이 대표적인 사회운동의 사례로 등장하였다. 한국에서도 2008년 광우병 파동을 계기로 등장한 촛불집회는 새로운 형태의 풀뿌리 시민운동의 전형을 보여 주었다. 이들 운동은 모두 자생적인 풀뿌리 운동이라는 점, 그리고 태동 배경에 경제에 대한 불안감, 정치권과 기존 체제에 대한 불신이 자리하고 있다는 점에서 공통적이다. 또한 중앙 차원의 지도자가 없는 것도 공통점이라고 할 수 있다.

한미 양국에서 일어난 사회운동은 배경과 운동 지형의 차이 등으로 인해 규모나 파급력 등에서 상이성을 보이지만, 강력한 투쟁력이나 기존의 프레임을 뛰어넘는 창조적 투쟁 방식 등에서 공통점을 갖는다. 또한 이들 운동 세력이 확산되는 데 인터넷과 소셜미디어가 일정 부분 역할을 수행했다는 점도 유사한 준거점을 제공한다. 따라서 이 글은 촛불집회, 월가점령대운동, 티파티운동 등 한미 양국에서 등장한 사회운동의 최신 사례들에 대한 비교 분석을 통해 시민사회운동의 활성화와 그것이 대의제 민주주의의 정치과정에 미치는 함의를 찾아보려 한다.

이 글의 구체적인 구성은 다음과 같다. 2절에서는 이론적 논의로서 이익집단정치에 관한 기존의 논의와 정보화 시대의 사회운동에 관한 논의를 정리한다. 이는 이 글에서 다루는 사례들을 검토함에 있어서 주요한 분석틀을 제공해 줄 것이다. 3절에서는 앞의 이론적 논의에서 도출된 분석의 준거점들을 중심으로 티파티운동과 월가점령대운동, 그리고 촛불집회를 상호 비교한다. 마지막 4절에서는 논의를 정리한 후, 새로운 사회운동이 대의제 민주주의 정치과정에 주는 함의를 논의한다.

2. 이익집단정치와 다원주의, 그리고 정보화 시대의 사회운동

최근의 사회운동은 자생적인 풀뿌리 시민운동의 형태를 띠고 있고, 정치권과 기존 체제에 대한 불신을 바탕으로 하고 있다는 점, 그리고 운동의 구심점이 될 지도자나 활동가 중심이 아닌 구성원 모두의 참여를 바탕으로 한 수평적인 의사결정구조를 갖고 있다는 점에서 이전과는 새로운 양상으로 전개되고 있다. 따라서 최근의 사회운동 양상을 명확히 살펴보고 이를 과거의 양상과 비교하기 위해서는 기존의 이익집단정치에 대한 이해가 우선되어야 한다. 이 절에서는 이익집단정치에 관한 이론적 논의의 전개과정과 함께 정보화 혁명이 야기한 사회운동의 변화를 개략적으로 살펴본다.

1) 이익집단정치이론의 전개과정

이익집단정치에 관한 초기의 논의는 법률과 제도 등 정치행위를 틀지우는 구조적 측면에 초점을 맞춘 제도주의적 시각에 대한 반발로부터 시작되었다. 즉, 정치제도에 초점을 맞추어 정치현상에 대한 기계적인 해석에 치우쳤던 경향에 대한 반성에서 출발하여 정치과정에서 목격되는 사회구성원들 간의 상호작용에 대한 연구가 필요하다는 인식이 등장하게 되었고, 그 속에서 집단의 정치행태가 중요한 연구주제로 자리매김하였다.

이익집단 연구의 선구적인 위치에 있는 벤틀리(Arthur F. Bentley)는 정치현상을 제각기 이익을 추구하는 집단들이 발휘하는 압력에 의해 조성된 균형의 결과로 제시하고 그 과정에 대한 집중적인 연구가 필요함을 지적하였다(Bentley 1908, 3-5). 이후 트루먼(David B. Truman)은 복잡하고 전문화된 정부체제 내에서 세분화되어 가는 집단을 정치과정의 중심에 놓아야 한다고 주장함으로써 이익집단정치를 전면에 부각시켰다(Truman 1951).

달(Robert Dahl)로 대변되는 다원주의 시각은 이와 같이 전면에 부각된 이익집단정치의 분석에 체계적인 이론적 근거를 제공하였다. 이에 따르면 정치현상은 소수의 정치지도자가 자의적으로 정책결정을 하는 과정에서 나타나는 것이 아니며 정치제도의 테두리 안에서만 일어나는 것도 아니다. 정치현상은 정치제도의 '안'과 '밖'에 존재하는 다양한 집단이 여러 수단을 통해 정부의 정책결정에 행사하는 영향력을 토대로 나타난다. 따라서 다원주의 정치체제에서 산출되는 정책들은 이익집단 간 상호 갈등과 합의의 결과가 되며, 그 속에서 대중은 사회적 분화와 이익의 다양화에 따라 자발적으로 집단을 구성하여 이익을 표출하고 자신들의 이익을 위해 정부에 영향력을 행사한다(Dahl 1961, 1967).[2]

다원주의 시각이 이익집단의 중요성을 이론적으로 뒷받침하고 정치학 연구의 주요 주제로 자리매김하는 데 공헌한 것은 사실이지만, 집단 간의 경쟁을 자연스러운 정치현상으로 인식한 나머지 그 결과물을 상호 갈등과 합의의 결과로 당연시한다는 측면에서 규범적인 문제를 야기한다(Key 1964; Lowi 1969). 현실적으로 집단의 영향력은 집단별로 차이가 있기 때문에 그들의 자유로운 경쟁 자체도 그 영향력의 정도에 따라 좌우되는 불평등을 내포하고 있다. 그럼에도 다원주의 정치체제는 집단 간 자유로운 경쟁을 전제하고 있기 때문에 그 경쟁의 결과에 정당성을 부여하고 집단 간 불평등을 문제시하기보다

---

2 이와 같은 논리는 자유로운 시장경제의 작동과정을 설명하는 방식과 유사하다. 이런 관점에서 다원주의 시각이 미국에서 크게 부각된 이유는 자유방임시장경제를 표방한 미국의 현실과 관련이 있다.

는 자연스러운 현상으로 파악한다. 게다가 다원주의 시각에서는 정치권력의 역할을 중립적 중재자로 바라보고 있지만 현실에서는 때때로 공공정책 시행이 강력한 이익집단에 종속되는 결과가 나타나고, 결과적으로 이익집단의 영향력 때문에 왜곡된 정책결정으로 이어지는 경우도 빈번히 목격된다(Dahl 1982, 6-8).[3]

한편, 집단을 주어진 것으로 보고 이의 활동과 영향력에 집중한 이전의 논의와는 달리, 올슨(Mancur Olson, Jr.)은 집단 내부의 작동원리에 집중하여 다양한 세부적인 연구 주제를 부각시켰다(Olson 1965). 집단 간의 자유로운 경쟁과 갈등의 조정이라는 다원주의의 가정과는 달리, 올슨은 집단 내부의 구성과 의사결정기제가 대단히 중요하며 그것이 집단 간 영향력의 차이를 가져오는 결정적인 요인임을 강조한다. 간단히 말해 올슨은 모든 집단은 '집단행동의 문제(collective action problem)'로부터 자유롭지 않으며 그 핵심에는 구성원들의 동원과 활동 과정에서 '무임승차(free-riding)' 문제의 해결 여부가 놓여 있다고 보았다.

이와 같은 인식의 전환은 이익집단에 관한 논의에 큰 변화를 가져왔다. 올슨 이후의 연구들은 이러한 문제의식에 기반하여 '무임승차'를 방지할 수 있는 유인들(incentives)에 관한 논의와 리더와 활동가의 역할을 검토하는 방향으로 전개되었다. 예를 들어, 윌슨(James Q. Wilson)은 집단행동의 딜레마를 해결할 수 있는 유인들을 물질적(material) 유인, 연대적(solidary) 유인, 목적지향적(purposive) 유인으로 세분화하고 각각의 유인들이 어떻게 집단을 형성하고 유지시키는가

3 다소 아이러니하게도 이러한 문제는 초기에 이익집단이 정치학 연구에서 주요 주제로 다루어지지 않았던 이유와 맥이 닿아 있다. 공적 조직으로 이해된 정당과 달리 이익집단은 사적 이익의 대변자로 민주주의의 작동과정을 저해할 수 있는 조직으로 인식되었다(Walker 1991, 20-40).

를 검토하였다(Wilson 1973).[4] 또한 살리스버리(Robert H. Salisbury)는 집단이 구성, 유지되기 위해서는 이러한 유인들이 일차적으로 누군가에 의해 주어져야 한다는 점을 지적하며 선도적 사업가(entrepreneurs) 내지는 활동가(activists)의 역할이 이익집단의 형성과 활성화에 중요한 요인이라고 제시하였다(Salisbury 1969). 이와 더불어 모(Terry Moe)는 집단 구성원들 간의 성향 차이가 참여의 적극성에 영향을 미칠 수 있음을 보여 주었고(Moe 1980, 1981),[5] 로텐버그(Lawrence S. Rothenberg)는 집단에 참여한 경험도 성공적인 집단활동에 중요한 요인임을 제시하였다(Rothenberg 1988). 이러한 논의는 이후 '상호성과 협력(reciprocity and cooperation)' 논의로 이어져 규범의 형성과 사회제도의 역할, 구성원 상호 간에 주어지는 사회적 압력(social pressure), 그리고 정부와 공적 기관들의 후원금의 역할 등에 관한 경험적 연구로 이어졌다(Axelrod 1984; Ostrom 1990; Sandler 1992; Taylor 1987; Walker 1983, 1991).

2) 정보화 사회의 사회운동: 이슈공중(issue public)과 네트워크 사회운동

올슨으로부터 촉발된 집단 내부의 작동기제에 대한 연구들이 이익집단에 관한 경험연구의 폭발적인 증대를 가져왔다는 점은 부인할 수 없는 사실이다. 올슨이 주창하듯 '집단행동의 문제'가 동원과 운동의 활성화라는 측면에서 극복하기 쉽지 않은 장벽이라는 점에는 논리적

---

4 물질적 유인은 구성원들에게 주어지는 '선택적인 물질적 혜택(selective material benefits)'을 의미하며, 연대적 유인이란 연계활동을 통해 얻을 수 있는 눈에 보이지 않는 집단 구성원 간의 관계의 중요성을 지칭한다. 또한 목적지향적 유인은 구성원들이 믿는 가치 혹은 목적에 기여함을 통해서 구성원들이 얻게 되는 '만족감 내지는 성취감(good feelings)'을 의미한다.

5 그에 따르면 특히 구성원의 효능감(feeling of efficacy)이 참여의 적극성을 좌우하는 중요한 요인이 된다.

으로 이견이 있기 어렵다. 그러나 올슨의 비관적인 전망과는 달리 현실의 여러 사회운동은 다양한 방식으로 이를 극복해 내고 있다. 다시 말해, '집단행동의 문제'에도 불구하고 우리가 현실 속에서 목격하는 여러 사회운동의 출현과 활성화는 올슨류의 관점에 하나의 도전을 안겨 준다. 이러한 사회운동의 출현과 활성화는 어떠한 방식으로 설명될 수 있을까?

워커(Jack L. Walker)는 집단의 성공은 단순히 구성원의 참여와 선택을 어떻게 이끌어 내는가에만 국한된 문제가 아니며 오히려 관련 이슈의 법제화와 이에 수반된 정부와 공적 기관의 후원이 중요한 역할을 한다고 보았다(Walker 1991). 비슷한 맥락에서 올리버(Pamela E. Oliver) 등은 집단에 참여하는 개인은 단순히 개인적인 의사결정을 통해 그러한 행위를 하는 것이 아니라 다른 사람들의 행동과 이에 대한 기대로부터 영향을 받는다고 주장하였다(Oliver et al. 1985). 이와 같은 논의는 이익집단의 형성과 유지가 구성원 개인에 대한 동기부여와 유인책에 달려 있다는 올슨의 논의를 확장한 것으로, 집단 내부의 관계 형성과 함께 집단 외적인 요인이 이익집단 활동의 중요한 변수가 될 수 있음을 지적한 것이다.

이러한 논의의 확장은 집단행동의 한 종류라고 할 수 있는 사회운동에서 특히 중요한데, 특정한 이해관계를 공유하는 이익집단과 달리 사회운동에서는 특수이익보다는 포괄적인 가치와 목표를 중심으로 집단이 형성되는 경우가 빈번하기 때문에 선택적인 물질적 유인의 효과가 제한적일 수밖에 없다. 다른 무엇보다도 제공될 수 있는 물질적 유인이 무엇이 될 수 있는지 명확하지 않은 데다가 집단행동의 성공적인 활동이 가져올 수 있는 혜택이 선택적으로 제공되기 어렵기 때문이다. 그럼에도 사회운동은 그 진행과정에서 참여자들의 비용과 위험을 수반하는 경우가 많다. 따라서 사회운동의 성공 여부는 대부분 물질적 유인의 제공보다는 집단 내부의 관계 형성과 집단 외적인 요인에 크게 영향을 받는 경우가 많으며, 더불어 운동 외적인 환경, 예컨대 해당 공동체에 형성되어 있는 정치적 기회구조(political opportunity structures), 공동체 구성원들을 운동으로 유인할 수 있는 동원구조(mobilizing structures), 그리고 사회운동에 동조하는 공동체의 분위기 등에 의해 좌우된다(McAdam et al. 1996).

전통적인 사회운동 연구는 사회운동이 발생, 전개되는 주된 요인으로 운동의 '주체'에 집중하는 연구와 '조건'에 집중하는 연구로 크게 구분된다(장우영 2010, 28-29). '주체'에 집중하는 연구들에 따르면 사회운동은 참여자들이 자신의 정체성 및 자신과 사회 문제를 연관시킬 수 있을 경우에 발생하고 개인의 정체성을 집단 차원으로 확장함으로써 지속된다. 이 관점에서 보면 사회운동은 사회에 대한 문제점을 인식한 개인들이 목표의식을 갖고 사회적인 쟁점 사안에 적극적으로 개입하려는 행동에 나설 때 발생한다. 반면 '조건'에 집중하는 연구들은 사회적인 문제에 대한 인식이 사회운동의 필요조건인 것은 사실이지만 충분조건은 아니라고 지적하며, 운동에 동조하는 개인들은 운동에 필요한 자원이 확보될 수 있다는 판단이 설 경우에만 적극적으로 참여하게 된다는 점을 강조한다. 즉, 자신의 문제의식이 사회적으로 설득력 있게 받아들여질 수 있고 이에 관한 공동체의 공감을 얻어낼 수 있다는 확신이 사회운동을 발생시킨다는 설명이다.

요약적으로 말해서 사회운동에 관한 이러한 연구들은 사회운동의 발생이 '행위자'와 '구조'가 서로 조응하는 관계에 있을 경우에만 목격될 수 있으며, 양자를 연결시키는 것은 공동체에 내재되어 있는 문제점에 대한 '행위자'의 인식과 '구조(공동체)'의 공감 간의 연결이 된다. 달리 표현하면, 사회운동이 성공적으로 이루어지기 위해서는 공동체 구성원 개인이 사회 문제에 대해 진지한 문제의식을 가질 역량을 갖추어야 하는 한편, 이들의 문제의식이 다양한 채널을 통해 사회 전반에 확산되고 공감을 이끌어내야 한다. 문제는 한편으로 '행위자' 차원에서 역량의 한계로 인해서, 다른 한편으로 행위자 차원의 문제의식이 '구조'로 확산되는 과정의 어려움 때문에 양자 간의 원활한 연결이 쉽지 않다는 점이다.

최근에 나타난 새로운 형태의 사회운동은 이러한 행위자와 구조 간의 연결이 정보화 혁명과 맞물려 훨씬 더 용이해지고 있음을 보여준다. 인터넷 공간의 확산은 개인이 사회 문제에 대해 보다 손쉽게 인식할 수 있는 수단을 제공하고 있으며, 정보통신기술의 발달은 인식된 문제들을 공동체 구성원들이 쉽사리 공유할 수 있는 환경을 제공하였다. 이러한 측면에서 최근에 나타난 사회운동의 활성화는 정보화 혁명에 힘입은 바 크다. 인터넷 공간은 사회적 이슈에 대한 다양한 정보를 제공함으로써 개인이 사회 문제에 대한 인식을 높이는 데 기여하는 한편, 인터넷 공간의 공론장들은 인식된 사회적 이슈들을 공동체 전반으로 확산시키고 잠재적 참여자를 동원하는 데 용이한 환경을 제공하였다. 요컨대 정보화 혁명은 사회운동이 전개되는 내적·외적 양상을 크게 바꾸어 놓은 것이다.

보다 구체적으로 최근 네트워크 사회운동의 특징을 요약하면 다음과 같다. 우선, 네트워크 사회운동은 시민단체와 비정부단체 등 공적 집단 중심의 기존 사회운동을 비조직적이고 비정치적 대중 중심의 사회운동으로 변모시켰다. 둘째, 대중의 이러한 비조직적·비정치적 참여는 지도부와 대중으로 구성된 사회운동의 전통적 위계를 무너뜨렸다. 셋째, 인터넷 공간의 확산으로 형성된 네트워크상의 약한 연대는 때때로 오프라인의 강한 연대와 결부됨으로써 영향력이 확대될 수 있는 잠재력을 갖추었다. 마지막으로 개인 중심의 사회운동은 그

	권력구조	시민성/정체성	참여/의사결정	행동/갈등양식
전통적 사회운동	중앙집중/위계적	이성/합리성	집단/동원	거대담론
네트워크 사회운동	네트워크	감성	개인/협의	생활세계
기능/효과	소통/교류	설득/동의	합의의사결정	이슈토론
핵심개념	접속	문화	참여	생활공동체

〈그림 3-1〉 전통적 사회운동과 네트워크 사회운동

출처: 윤성이(2009, 325)의 그림을 토대로 재구성.

구체적 발현에서 대중적 창발성에 의거하여 운동전략을 크게 다양화 시켰다(고원 2008; 송경재 2009; 윤성이 2009; 장우영 2010).

결국 네트워크 사회운동의 모습으로 나타나고 있는 최근의 사회운동들은 전통적인 사회운동 양상과는 크게 다른 모습을 보여 준다. 과거 시민단체 등을 중심으로 중앙집중적이고 위계적으로 구성되었던 운동의 구조는 네트워크를 통해 수평화된 개인 간의 소통과 교류를 통한 방식으로 변모하였고, 그 과정에서 설득과 동의가 주요 의사소통방식이 됨으로써 합리성과 논리로 특징지어졌던 기존 사회운동 참여자들의 정체성에 감성적 요소가 끼어들 여지가 마련되었다. 더불어 집단의 동원으로 이루어지던 참여 방식이 개인의 자유로운 의사결정과정을 통한 자발적인 참여와 합의의 방식으로 변모하였고, 거대담론 중심의 운동양식이 개인의 생활과 결부된 생활 이슈 중심으로 변화하였다. 이와 같은 변화를 시각적으로 재구성하면 〈그림 3-1〉과 같다.

이상의 논의에 기반하여 아래에서는 2008년 촛불집회와 티파티 운동 그리고 월가점령대운동 등 최근 한국과 미국에서 나타난 사회운동을 상호 비교함으로써 새로운 사회운동이 구체적으로 어떠한 모습을 띠고 있는지 살펴본다. 분석 내용은 이러한 사회운동이 나타난 원인에 대한 검토로부터 시작하여 이들 사회운동이 보이는 새로운 양상을 내부의사결정구조와 활동 방식에서 찾아본 후, 이러한 운동들이 운동 외적인 환경과 어떠한 영향을 주고받는지의 순서로 다루어질 것이다.

3. 한미 사회운동의 성격과 결과: 구성원, 활동의 원동력과 지속성[6]

1) 누가 왜 참여하였는가?

새로운 사회운동의 양상을 살펴봄에 있어서 첫 번째 다루어야 할 질문은 "누가 왜 참여하였는가?"이다. 〈표 3-1〉과 〈표 3-2〉는 이 글에

---

6 3절의 분석은 다음의 자료들을 중심으로 이루어졌다. 먼저 2008년 한국의 촛불집회에 대한 분석자료는 서강대 현대정치연구소에서 2008년 6월 6일 촛불집회 참여자를 대상으로 조사한 자료이다. 티파티운동에 대한 분석자료는 2010년 4월 NYT/CBS News 여론조사, 같은 해 중간선거 직후 퓨 리서치 센터에서 실시한 선거후 조사(Post-Election Survey, 2010. 11. 4-7), 그리고 2010년 미국전국선거조사(American National Election Study: ANES)를 관련 문항에 따라 선택적으로 활용하였다. 월가점령대운동에 관한 분석은 뉴욕시립대 조사팀(Ruth Milkman, Stephanie Luce and Penny Lewis)이 맨해튼 쥬코티 공원(Zuccotti Park)의 월가점령대운동 참여자를 대상으로 조사한 자료(적극참여자 25명에 대한 인터뷰와 2012년 5월 1일 월가점령대운동 참가자 729명에 대한 서면조사 두 가지로 구성), 그리고 www.occupywallst.org의 접속자를 분석한 뉴욕시립대 코데로-구즈만(Hector R. Cordero-Guzman) 박사의 자료를 분석하였다. 촛불집회 조사자료의 사용을 허락해 준 서강대 이현우, 이화여대 조기숙 교수님과 현대정치연구소에 감사드린다.

〈표 3-1〉 2008년 촛불집회 참여자의 사회경제적 특성

구분		응답 비율	구분		응답 비율
성별	남성	46.6	소득수준	200만 원 이하	16.2
	여성	52.7		201-400만 원	38.5
연령	18세 이하	10.6		401만 원 이상	32.7
	19-29세	37.5		무응답	12.6
	30대	28.5	지지정당	한나라당	0.9
	40대	18.1		통합민주당	18.8
	50대 이상	5.3		민주노동당	15.0
교육수준	중졸 이하	9.9		진보신당	26.3
	고졸	14.2		기타 정당	9.8
	대재 이상	76.0		무당파	29.2

주: 1) 수치는 항목에 대한 응답자 비율(%).
2) '기타 정당'은 자유선진당(1.5%), 친박연대(1.4%), 창조한국당(6.9%).

서 대상으로 하고 있는 한미 사회운동 참여자의 특성을 주요 사회경제적 변수를 중심으로 정리해 보여 준다. 먼저 〈표 3-1〉의 내용을 살펴보면, 2008년 한국의 촛불집회에는 40대 이하가 전체 참여자의 70%를 넘어 상대적으로 젊은 연령층이 적극적으로 참여하고 있음을 알 수 있었고, 4명 중 3명이 대학 재학 이상의 학력을 가지고 있어 고학력자의 참여가 활발하였다. 소득수준에서 중산층 이상의 참여가 상당하였고, 남성에 비해 여성의 참여 비율이 근소하게 높았다. 정치적 태도에서 가장 두드러진 특징은 당시 집권여당인 한나라당을 지지하는 이들은 극소수에 불과하였고, 지지정당이 야당이라고 답한 응답자들이 60%가량, 지지정당이 없는 무당파도 30%에 달했다.

〈표 3-2〉는 같은 방식으로 미국 사회운동 참여(혹은 지지)자의 특성을 정리해 보여 주고 있다. 최근 미국의 대표적인 보수 성향 사회

〈표 3-2〉 티파티운동 및 월가점령대운동 지지자의 사회경제적 특성

<table>
<tr><th colspan="2" rowspan="2">구분</th><th colspan="2">티파티운동</th><th colspan="2">월가점령대운동</th></tr>
<tr><th>지지자</th><th>응답자 전체</th><th>적극 지지자</th><th>참여자 전체</th></tr>
<tr><td rowspan="2">성별</td><td>남성</td><td>59</td><td>49</td><td>55</td><td>55</td></tr>
<tr><td>여성</td><td>41</td><td>51</td><td>42</td><td>42</td></tr>
<tr><td rowspan="2">인종</td><td>백인</td><td>89</td><td>77</td><td>68</td><td>64</td></tr>
<tr><td>비백인</td><td>8</td><td>21</td><td>32</td><td>36</td></tr>
<tr><td rowspan="4">연령</td><td>30세 이하</td><td>7</td><td>23</td><td>40</td><td>37</td></tr>
<tr><td>31–44세</td><td>16</td><td>27</td><td rowspan="3">60</td><td rowspan="3">63</td></tr>
<tr><td>45–64세</td><td>46</td><td>34</td></tr>
<tr><td>64세 이상</td><td>29</td><td>16</td></tr>
<tr><td rowspan="3">정당일체감</td><td>공화당</td><td>54</td><td>28</td><td>1</td><td>1</td></tr>
<tr><td>민주당</td><td>5</td><td>31</td><td>57</td><td>57</td></tr>
<tr><td>무당파</td><td>36</td><td>33</td><td>42</td><td>42</td></tr>
<tr><td rowspan="3">교육수준</td><td>고등학교 졸업</td><td>29</td><td>47</td><td>8</td><td>6.4</td></tr>
<tr><td>대학교 졸업</td><td>33</td><td>28</td><td>48</td><td>47</td></tr>
<tr><td>대졸 이상</td><td>37</td><td>25</td><td>41</td><td>41</td></tr>
<tr><td rowspan="4">소득수준</td><td>3만 달러 이하</td><td>18</td><td>32</td><td>8.2</td><td>8.4</td></tr>
<tr><td>3만–5만 달러</td><td>17</td><td>16</td><td>20.1</td><td>19.6</td></tr>
<tr><td>5만–7만 5천 달러</td><td>25</td><td>18</td><td>24.0</td><td>22.1</td></tr>
<tr><td>7만 5천 달러 이상</td><td>31</td><td>26</td><td>47.5</td><td>50.0</td></tr>
</table>

출처: NYT/CBS News 여론조사(2010. 4. 5–12, 총응답자 1,580명). Milkman et al. (2013).
주: 1) 수치는 항목에 대한 응답자 비율(%).
2) 월가점령대운동 참여자들의 연령은 조사 원자료에서 30세 이하/이상으로 구분하였기에 30세 이상의 합산수치만 제시됨.

운동인 티파티운동[7]의 경우 남성의 참여가 상대적으로 두드러졌고, 지지자들의 90%가량이 백인이었고, 연령적으로는 45세 이상이 75%

7 티파티운동의 경우 참여자를 대상으로 한 조사자료의 부재로 전국적인 여론조사에서 티파티운동을 지지한다고 응답한 이들의 특성을 정리하였다.

에 달할 정도로 상대적으로 고연령층에게서 지지를 받고 있었다. 지지정당에 따라서는 민주당 지지 성향을 갖고 있는 티파티운동 지지자들이 5%에 불과한 반면, 절반가량이 공화당 지지자였고 무당파라고 밝힌 응답자도 36%에 달했다. 교육수준에서는 응답자 전체와 비교해 봤을 때 티파티운동의 지지자들이 상대적으로 고학력인 것으로 나타났고, 소득수준에서도 전체 응답자들보다 상대적으로 높은 수준이었다. 그러나 소득수준의 차이는 교육수준에 비해 그렇게 두드러지지 않았다.

같은 표에 제시된 월가점령대운동 참여자의 사회경제적 특성은 여성보다 남성이, 유색인종보다 백인의 참여가 높은 것으로 나타났지만 그 비율은 티파티운동에 비해 그리 크지 않았다. 월가점령대운동의 참여자들은 높은 교육수준과 소득수준을 보였는데, 이는 티파티운동의 지지자들과 비교해서도 높은 것으로 나타났다. 티파티운동의 지지자들과 비교해 봤을 때 월가점령대운동 참여자의 차이가 가장 두드러진 변수는 연령과 정당일체감이었다. 먼저 연령에 따른 구분에 있어서 45세 이상에서 75%의 지지율을 보였던 티파티운동의 지지자와 달리 월가점령대운동의 경우 참여자의 40%가 30세 이하인 것으로 나타나 젊은 유권자들의 참여가 크게 두드러졌다.[8] 정당일체감에서도 티파티운동의 지지자들 중 공화당에 가까운 이들이 54%에 달했던 반면, 월가점령대운동에서 공화당 지지자는 1%에 불과하였고 민주당 지지 성향이 57%로 나타나 좋은 대조를 보였다. 그러나 월가점령대운동 참여자들 중 42%가 지지정당이 없다고 밝혀 티파티

8 자료의 한계로 정확한 수치를 알 수는 없지만 월가점령대운동의 조사자료에서는 참여자들 중 가장 큰 연령집단이 30세 전후의 소위 '밀레니얼(Millennials)'이며 40-50세 집단이 그 다음을 구성하고 있어 50세 이하가 대부분을 차지하고 있었다고 밝히고 있다(Milkman et al. 2013, 8).

운동과 같이 이 운동에서도 무당파의 참여가 상당함을 알 수 있었다.

이상의 내용을 간략히 정리해 보면, 한국과 미국의 최근 사회운동의 참여자들은 높은 교육수준과 소득수준을 보이고 있었고 운동의 이념적 성향에 따라 참여자의 연령과 지지정당이 차이를 보였다. 보수적인 성향의 티파티운동에서 고연령층과 공화당 지지자의 참여가 높게 나타났던 것과 달리, 진보 성향의 사회운동인 촛불집회와 월가점령대운동에서는 상대적으로 젊은 유권자의 참여가 높았는데, 지지정당에 있어서 한국의 경우 진보적인 정당의 지지자들이, 미국에서는 민주당 지지자의 비율이 높게 나타났다. 그러나 지지자들 중 30% 가량이 무당파의 성향을 밝히고 있어 기성 정당정치에 대한 불만도 같이 나타나고 있었다.

그렇다면 이들을 사회운동으로 이끈 유인은 무엇인가? 다른 무엇보다도 최근 나타난 사회운동은 공통적으로 대의제 민주주의의 작동과정에 대한 불만과 기성 정치권에 대한 불신을 계기로 등장하였다. 이러한 불신의 정도는 〈표 3-3〉에 제시되어 있다. 촛불집회 참여자들을 대상으로 한 조사 결과에 따르면 응답자의 99%가 이명박 정부에 대해 비민주적이라고 응답하였고, 이명박 대통령을 신뢰하지 않는다는 응답도 99%에 이르렀다. 또 응답자의 92%가 이명박 대통령의 국정운영에 부정적인 평가를 내리고 있어 정치권력에 대한 불신

〈표 3-3〉 촛불집회 참여자와 티파티운동 지지자의 제도정치권에 대한 태도

촛불집회 참여자(2008)		티파티운동 지지자(2010)	
이명박 정부는 비민주적	99	정부에 대한 불신	92
이명박 대통령에 대한 불신	99	오바마/민주당 정책에 대한 반대	92
국정운영에 대한 부정적 평가	92	공화당 리더십에 대한 불만	87

출처: Pew Research Center(Post-Election Survey, 2010. 11. 4).
주: 수치는 항목에 대한 응답자 비율(%).

이 대단히 높은 것으로 나타났다. 티파티운동 지지자들도 정부에 대한 불신이 대단히 높았고, 오바마 대통령과 민주당의 정책에 대한 반대도 높게 나타났다. 더불어 이들은 공화당의 리더십에 대해서도 높은 불만을 나타내 제도정치권에 대한 광범위한 불신을 보이고 있었다.

월가점령대운동의 참여자도 제도정치권을 부정적인 시각으로 바라보고 있었는데, 다른 무엇보다도 제도정치권이 사회의 변화를 효과적으로 담아내지 못하고 있다는 점에 동의하고 있었다. 더불어, 변화를 기치로 등장한 오바마 행정부 이후 나타난 정책에 대한 실망 역시 월가점령대운동 참여자들 사이에 폭넓게 형성되어 있었다. 월가점령대운동에 적극적으로 참여했던 이들의 다음과 같은 언급은 이와 같은 인식을 잘 보여 준다.

> 그 자신 스스로 공동체 운동 조직가였고 변화를 전면에 앞세우고 캠페인에 임했던 오바마는 집권 이후 금융위기 등 개혁에 좋은 분위기 속에서도 아무것도 이루어내지 못했어요. 지금처럼 개혁에 대한 요구가 높은 상황 속에서 아무것도 이루지 못했다는 것은 앞으로 변화가 나타날 가능성이 전혀 없음을 의미합니다.(Milkman et al. 2013, 17)

> 저는 오바마를 지지했고 그에게 투표했을 뿐 아니라 주변의 많은 이들에게 오바마에 대한 지지를 호소했어요. (그러나) 오바마 행정부는 많은 이들은 실망시켰고, 그것이 월가점령대가 이렇게 폭넓게 확산된 이유입니다.(Milkman et al. 2013, 18)

결국 한국의 2008년 촛불집회, 미국의 티파티운동과 월가점령대운동 등 새로운 양상의 사회운동은 공통적으로 제도정치권에 대한 불신과 현재의 대의제 민주주의가 원활히 작동되지 못하고 있다는 인식으로부터 시작되었다. 세 운동 모두 정치권력과 기성정당에 대해 부정적으로 바라보고 있었고, 풀뿌리 유권자 운동을 통해 변화를 주창하며 등장하였다.

2) 참여 이유와 의사결정구조, 활동의 양상: 변화와 연속성

제도정치권에 대한 불신은 자칫 체제 부정과 정치적 무관심 또는 변화에의 무력감으로 이어지기 쉽다. 그러나 한국과 미국의 새로운 사회운동은 대의제 민주주의의 작동과정에 대한 불만과 제도정치권에 대한 불신으로부터 출발했음에도 불구하고 그러한 불신이 체제에 대한 부정 내지는 무관심으로 이어지지 않았다. 새로운 사회운동에 참여한 이들은 사회와 정치에 대한 변화를 주창하는 한편, 그러한 변화를 사회운동을 통해서 이끌어낼 수 있다는 믿음을 갖고 있었다.

〈표 3-4〉는 한국과 미국의 새로운 사회운동 참여자들의 정치적 태도를 정치적 관심, 효능감, 정치 참여 등의 측면에서 정리한 결과이다. 자료의 문제로 모든 태도를 체계적으로 살펴보긴 어려웠지만 2008년 한국의 촛불집회 참가자들은 정치적 관심과 효능감 측면에서 대단히 높은 수준을 보여 주었고, 다양한 정치 참여의 경험이 있다고 응답하였다. 특히 촛불집회 참가자들 중 거의 절반가량이 이전에 집회에 참여한 적이 있었고, 주변 사람들에게 참여를 권유·독려하거나 현금을 기부한 경험을 갖고 있었다. 이러한 높은 정치 참여의 경험은 미국의 티파티운동 지지자와 월가점령대운동 참여자에게서도 공통적으로 나타났다. 자료의 제약으로 미국 사회운동 참여자들의 정치적 관심과 효능감에 관한 정보를 구할 수는 없었지만 이들에게서도 높은 집회 참여의 경험과 현금기부, 선거운동 참여 경험을 확인할 수 있었다. 또한 이들은 투표나 정치인의 온라인 사이트 방문 등 정치에

〈표 3-4〉 새로운 사회운동 참여자의 정치적 태도

정치적 태도		촛불집회 참여자	티파티운동		월가점령대운동 참여자	
			지지자	응답자 전체	30세 이하	30세 이상
정치적 관심	많음	54.2				
	보통	27.9				
	많지 않음	14.1				
효능감	높음	84.5				
	보통	7.2				
	낮음	4.3				
정치 참여	집회 참여 경험	46.5	17.3	12.7		
	온/오프라인 서명운동	73.1				
	집회 참여 권유 및 독려	47.4			25.8	42.9
	시민기자활동	16.4				
	현금 기부	40.7	23.6	16.8	45.2	72.2
	선거운동 참여	37.3	10.1	8.5	8.0	11.3
	투표 참여		94.2	84.7		
	후보 온라인 공간 방문		33.7	27.0		

출처: Pew Research Center(Post-Election Survey, 2010. 11. 4).

주: 1) 수치는 해당 항목에 대한 응답자 비율(%).

2) '효능감'에서는 "우리 같은 사람이 정부가 하는 일에 대해 말할 지식이나 능력이 없다"라는 진술에 대한 긍정은 낮은 효능감, 부정은 높은 효능감을 나타냄.

3) '정치 참여'는 해당 항목에 대해 "참여한 적 있다"라는 응답의 비율(%).

대한 관심도 높은 것으로 나타났다.

정치에 대한 관심과 태도, 그리고 정치 참여에서 새로운 사회운동의 참여자들이 보인 적극적인 모습은 새로운 사회운동이 즉흥적이거나 일회적인 사건으로 등장한 것이 아니라 많은 경우 이전의 다양한 경험에 의해 뒷받침되고 있음을 나타낸다. 최근의 사회운동에서 나타난 이러한 모습들은 일각에서 이야기하는 것처럼 정치에 대한 불신과 불만이 유권자의 정치적 무관심이나 비정치적인 태도로 귀결되는 것이 아니라 적극적인 문제제기와 변화 요구의 표출로 이어지고 있음을 명확히 보여 주는 것으로, 한국과 미국에서 대의제 민주주의가 여전히 작동하고 있음을 의미하는 것이라 하겠다.

한편, 제도정치권에 대한 불신과 변화 요구 등의 측면에서 공통적인 모습을 보이는 한국과 미국의 새로운 사회운동은 운동 참여자들의 요구라는 측면에서는 상이한 모습으로 나타났다.

먼저 촛불집회 참여자의 참여 계기와 이유를 살펴보면 〈표 3-5〉와 같다. 촛불집회 참여자들은 '정부/대통령에 대한 분노 표출', '국민의 힘으로 이명박 정부의 다른 정책을 저지하기 위해', '이명박 대통령 탄핵' 등을 요구하면서 운동에 참여하였다. 특기할 만한 점은 운동을 촉발시킨 미국산 쇠고기 협상에 대한 불만이 이들의 주요 참여 이유였지만 그보다는 유권자들의 요구에 귀기울이지 않는 제도정치권에 대한 불만이 보다 두드러진 이유로 제시되었다는 사실이다.

이와 같은 사실은 이들의 참여가 대의제 민주주의의 작동이 원활하게 이루어지고 있지 않다는 인식에 기인한 바 크다는 점을 명확하

〈표 3-5〉 촛불집회 참여자의 참여 계기와 이유

참여 계기		참여 이유	
TV 뉴스를 보고 자발적으로	79.5	정부/대통령에 대한 분노 표현을 위해	29.2
친구의 권유	6.3	국민의 힘으로 이명박 정부의 다른 정책을 저지하기 위해	23.9
인터넷 카페/동호회의 권유	4.8	미국산 쇠고기 재협상 관철	22.3
가족의 권유	4.0	이명박 대통령 탄핵	17.1
기타	3.9	기타	6.1

주: 수치는 해당 항목에 대한 응답자의 비율(%).

게 보여 준다. 다시 말해, 이들을 촛불집회로 이끈 출발점은 '미국산 쇠고기 협상'이라는 쟁점 이슈였지만, 이들을 적극적으로 운동에 참여하게 만든 이유는 대통령을 중심으로 한 집권세력에 대한 불만 표출 그리고 정치권에 '대표와 책임'이라는 대의제 민주주의 기본 원칙의 준수를 촉구하려는 의도로 구성되어 있다. 더욱이 이들이 친구나 다른 이들의 권유에 의해 운동에 참여한 것이 아니라 대중매체에 보도된 뉴스를 보고 자발적으로 참여했다는 사실은 새로운 사회운동이 정치 현안에 높은 관심을 갖고 이에 대한 의사표현을 자발적·적극적으로 하려는 의도가 반영되어 있음을 보여 준다. 그러나 다른 한편으로 참여자들이 보인 높은 정치적 관심과 정치참여도는 새로운 사회운동이 이전의 사회운동과 단절적인 모습으로 나타났다기보다는 과거의 경험을 기반으로 한 연속적인 사회운동의 틀 속에서 바라봐야 할 필요성 역시 제기하는 것이다.

미국의 사회운동에서도 제도정치권에 대한 불만이 반영되어 있지만 각 운동이 제기하고 있는 이슈는 한국의 사회운동보다 훨씬 더 구체적이었다. 〈표 3-6〉에 나타나 있는 것처럼 티파티운동 지지자들은 주로 금융위기와 관련된 연방지출의 확대와 그로부터 파생된 부채에 대해 높은 우려를 표명하고 있는 한편, 도덕적 타락과 이민 문제와 같은 가치 이슈에 관심이 집중되어 있다. 흥미로운 사실은 조사에 응한 전체 응답자들이 관심을 표한 이슈에 비해 티파티운동 지지자들의 관심은 경제와 이민 등 특정 현안에 집중되어 있다는 점이다.[9]

9 대표적인 티파티운동단체인 Tea Party Patriots는 단체의 임무를 "재정책임성(Fiscal Responsibility)과 제한정부(Limited Government), 그리고 자유방임적인 시장경제(Free Markets)"이라고 명확하게 제시하고 있다(www.teapartypatriots.org).

〈표 3-6〉 미국 사회운동 참여자의 관심사안과 참여동기

티파티운동		월가점령대운동		
지지자	응답자 전체	참여동기	적극 지지자	참여자 전체
연방지출/부채	경제	경제불평등	45.4	47.5
경제	연방지출/부채	금권정치	29.4	25.5
도덕적 타락	도덕적 타락	탐욕스런 기업	18.8	18.5
이민 문제	의료보험	교육 문제	19.0	17.4
	이민 문제	노동조합 문제	10.9	13.0
	환경 문제	의료보험	12.4	12.4
	교육 문제	실업	9.9	11.9
		반전/환경/여성권	13.3	11.4
		운동의 연대	11.9	11.0
		이민자 권리	6.9	10.4
		자본주의	13.1	9.2
		시민의 자유	9.4	8.2
		인종 문제	5.4	7.1
		주택 문제	5.4	6.5

출처: American National Election Studies 2010(티파티운동).
주: 1) 수치는 항목에 대한 응답자 비율(%)로, 10% 이상의 응답률을 보인 항목들만 제시함.
2) 월가점령대운동은 복수응답 가능으로 총합은 100%를 넘음.

티파티운동 참여자의 관심사안이 경제와 이민 등 특정 현안들에 집중되어 있는 반면, 월가점령대운동 참여자의 관심사안은 매우 다양하게 구성되어 있었다. 월가점령대운동 참여자들도 경제불평등과 금권정치, 탐욕스런 기업에 대한 비판 등 경제적인 현안을 가장 주요한 참여동기로 꼽고 있었지만 이들의 관심사안은 교육, 노동조합, 의료보험, 환경, 여성권, 인종, 주택 등 훨씬 더 구체적이고 광범위한 이슈들로 구성되어 있다. 이러한 관심 이슈의 광범성은 월가점령대운동이 참여의 잠재력이라는 측면에서 티파티운동보다 더 많은 가능성

을 내포하고 있음을 보여 준다고 할 수 있다. 이들이 제시한 '우리는 99%이다'라는 구호는 운동이 보다 많은 이슈로 구성될 수 있는 틀을 제공해 주었고 그러한 차원에서 월가점령대운동이 초기에 보였던 폭발력으로 이어질 수 있었다.

이상에서 살펴본 바와 같이 한국과 미국의 새로운 사회운동은 제도정치권에 대한 불만으로 촉발되었고 참여자들의 높은 정치적 관심과 효능감, 그리고 정치 참여 경험 등을 바탕으로 변화에의 폭발적인 요구로 이어질 수 있었다는 공통점을 가진다.

그러나 운동의 문제제기와 관심사안에서 각 사회운동마다 차이를 보였다. 한국의 촛불집회가 주로 제도정치권의 의사결정과정과 정책실현과정에 대한 문제제기에 집중되어 있고 구체적인 현안으로 이어지지 못했던 반면에, 미국의 티파티운동과 월가점령대운동은 관심 이슈를 중심으로 운동의 목표가 보다 구체적인 양상을 보였다. 또한 미국의 경우에도 티파티운동의 관심사안이 주로 경제 문제에 집중되어 제한적이었던 반면, 월가점령대운동 참여자들이 제기한 이슈는 보다 광범위하고 다양했다는 점에서 차이를 보였다.

한편 기존의 사회운동과 비교해 볼 때, 새로운 사회운동이 갖고 있는 가장 큰 차이점은 운동의 권력구조와 의사결정과정의 양상에서 나타난다. 앞의 〈그림 3-1〉에 제시된 것처럼 새로운 사회운동들은 소통과 교류를 중시하는 수평적 네트워크 구조를 갖고 있고, 의사결정과정 역시 위계적인 구조를 통한 동원보다는 구성원들의 참여를 통한 협의를 중심으로 이루어진다. 또한 행동양태에서도 개인의 참여를 중요시하는 새로운 사회운동은 전통적 사회운동과는 달리 거대담론보다는 생활 이슈를 중심으로 구성되며 그 결과 운동과정에서 생활공동체의 모습이 나타나기도 한다.

이러한 새로운 사회운동의 특성들은 한국의 촛불집회나 미국의 티파티운동, 월가점령대운동에서 공통적으로 발견되었다. 앞의 〈표 3-5〉에 제시된 바와 같이 촛불집회의 참가자들은 동원에 의한 참여보다는 대중매체를 통해 문제를 파악하고 자발적으로 참여한 이들이 대다수를 이루고 있다. 또한 운동의 확산과정에서도 아고라 토론방 같은 사이버 공간의 정보 네트워크 그리고 다양한 사이버 커뮤니티가 절대적인 영향력을 행사하면서 수평적 시민 네트워크의 모습을 담지하였다(송경재 2009, 61-69). 참여자의 구성에서도 생활세계 커뮤니티를 중심으로 한 비정치집단의 대규모 참여가 두드러진 특징으로 나타났고, 그런 까닭에 집회 과정에서 논의된 이슈들도 생명, 건강, 환경, 주거, 교육, 일자리 등 이전에 비해 훨씬 다양하게 진화하였다(장우영 2010, 36-40).

이러한 모습들은 미국의 월가점령대운동에서도 유사하게 목격된다. 월가점령대운동의 조직과 계획 단계에서 기존 사회운동에 참여한 경험을 갖고 있었던 사회운동가들의 역할이 있었던 것은 사실이다. 밀크만(Ruth Milkman) 등이 지적하고 있는 것처럼 북아프리카의 민주화 운동이 보여 준 새로운 형태의 사회운동의 가능성은 미국의 활동가들에게 월가점령대운동을 기획, 실천하는 계기를 제공해 주었다(Milkman et al. 2013, 5-6). 그러나 운동이 시작된 직후 그것이 폭발적인 사회운동으로 진화하는 과정은 자발적인 참여와 서로가 처한 환경과 문제에 대한 공감을 바탕으로 해서 이루어졌다. 쥬코티 공원에 모인 월가점령대운동의 참여자들은 공통적으로 운동의 의사결정과정이 철저하게 구성원들의 합의에 기반한 형태로 이루어졌음을 지적하였고 그것이 대단히 새로운 경험이었다고 말하고 있다.[10]

10 월가점령대운동에서 목격된 가장 일반적인 의사소통 방식은 'mic check'였다. 이는 구성원들의 발언을 주변 사람들의 반복적인 복창을 통해 확산시키는 방식으로, 의사표현

> 수평주의(Horizontalism)는 월가점령대운동 참여자 모두에게 받아들여진 일종의 규칙이었어요. 많은 이들이 그러한 의사결정과정에 익숙하지 않았던 것 역시 사실이죠. 그러한 의사결정과정은 시간이 많이 걸렸고 때때로 모두에게 전달되지 않는 경우도 있었어요. 하지만 그러한 의사결정과정은 어느새 모두에게 당연한 것으로 받아들여졌고 의사결정은 항상 그러한 방식으로 이루어졌어요. 이는 모두에게 전에 경험하지 못한 새로운 방식이었죠.(Milkman et al. 2013, 29)

> 저는 (월가점령대 운동의) 어느 누구도 독자적으로 일을 주도할 수 없는 그런 의사결정구조가 좋았어요. 대화의 과정에서 쟁점을 찾아내고 이에 집중하는 것, 어느 누구도 서로의 위에서 이야기하는 것이 아니라 함께 이야기하는 것, 그리고 서로의 이야기에 귀기울여 주는 것이 우리의 의사결정에서 목격되는 것이었죠.(Milkman et al. 2013, 29-30)

이렇듯 의사결정과정의 수평성과 위계적이지 않은 운동의 양상은 새로운 사회운동의 특징적인 모습이다. 이와 더불어 촛불집회와 마찬가지로 월가점령대운동에서도 집회 과정에서 논의된 이슈의 다양성은 전통적인 사회운동과는 구분되는 모습들이었고, 운동 참여 과정에서 경험할 수 있는 새로운 생활공동체의 모습은 참여자들에게 운동에의 동인과 상호 간의 공감, 연계의식을 높이는 신선한 경험으로 받아들여졌다.

초기의 티파티운동 역시 전형적인 풀뿌리 운동의 형태로 진행되었다. 즉, 운동의 기반이 대부분 지역적 차원으로 조직되어 있고 이를 아우르는 전국적 조직의 결성이 없었다. 또한 운동이 시작되는 단계

의 개방성과 수평성을 크게 높이는 역할을 하였다.

에서 공화당의 리더십에 대한 불만과 공화당의 개혁을 주장하는 목소리가 있었지만 다수(57%)가 현재 형성되어 있는 독립적인 지역조직들의 네트워크로 남기를 희망했다는 사실은 티파티운동 역시 위계적인 구조보다는 수평적인 모습을 갖고 있는 새로운 사회운동의 특징을 드러냈다고 볼 수 있다(유성진·정진민 2011, 144). 그러나 티파티운동은 참여자의 다양성과 운동에서 제기되는 이슈의 다양성이라는 측면에서 월가점령대운동이나 한국의 촛불집회와는 큰 차이를 보인다. 중산층 이상의 백인 남성으로 구성되어 있으며 연방정부의 재정확대에 대한 반대를 축으로 하고 있는 티파티운동은 수평적 네트워크에 기반을 둔 새로운 사회운동의 특징을 갖고 있었지만, 관심사안이 제한되어 있어서 다양한 이슈를 제기하는 역할을 수행하지는 못했다. 따라서 티파티운동은 행동과 갈등양식이라는 측면에서 다른 새로운 사회운동에 비해 다양성이 높지 못한 운동으로 평가될 수 있다.

3) 새로운 사회운동: 성과와 가능성 그리고 한계

앞에서 살펴본 것처럼 새로운 사회운동은 제도정치권에 대한 불신을 계기로 등장했지만 그 이면에는 참여자들의 높은 정치적 관심과 효능감, 참여 경험 등이 자리하고 있어서 단기간에 폭발적으로 활성화되었다. 또한 이러한 사회운동들은 운동의 비위계적 조직구성, 자발적 참여, 수평적 의사결정과정, 그리고 다양한 생활 이슈의 제기 등 기존 사회운동과 다른 네트워크 사회운동의 성격을 갖고 있었다.

새로운 사회운동은 운동의 참여자들도 놀랄 정도로 급속히 활성화되었다. 2008년 한국의 촛불집회는 자발적인 참여가 대부분이었음에도 엄청난 폭발력을 보여 주었고, 미국의 티파티운동과 월가점령대운동 역시 많은 이들의 호응 속에서 단기간에 폭발적인 영향력을 가진 운동으로 이어졌다. 특히 촛불집회와 월가점령대운동은 새로운 사회운동의 양상을 띠고 일종의 축제와 같은 모습으로 운영되었고, 운동에 참여했던 많은 이들이 새로운 생활공동체의 가능성을 체험했다고 말할 정도로 운동 양상의 다양성에서 이전과 크게 구분되는 모습을 보였다.

새로운 사회운동이 확산되는 데에는 다른 무엇보다도 대중매체의 관심과 보도가 큰 역할을 하였다. 비폭력적인 모습을 가지고 수평적인 구조 속에서 참여와 합의에 기반한 의사결정방식은 언론의 관심을 끌기에 충분했고, 이러한 관심은 사회운동이 여러 곳으로 확산될 수 있는 계기가 되었다. 특히 촛불집회와 월가점령대운동의 경우 '수평적 평등성(chains of equivalence)'에 기반한 운동양식을 보였다. '수평적 평등성'이란 누구나 운동에 참여할 수 있고 다른 사람들과의 소통을 통해서 자신의 곤경을 나누고 공감을 얻을 수 있는 상태를 의미한다.[11] 이러한 운동의 행동양식은 대중매체를 통해 확산되어 세계 각지에서 유사한 형태의 사회운동을 촉발시키는 원동력이 되었다. 더불어 운동 참여자들이 갖고 있는 이슈의 다양성은 기존 사회운동의 주된 내용이었던 정치적 이슈를 넘어서서 어떠한 이슈도 운동의 매개체가 될 수 있다는 가능성을 보여 주었다. 다시 말해, 다양한 주제를 매개로 쉽사리 복제될 수 있는 월가점령대운동의 모습은 운동의 확산에 중요한 원동력이 되었다.

밀크만 등의 연구는 새로운 사회운동이 가져다준 성과와 가능성을 두 가지 측면에서 논의하고 있다(Milkman et al. 2013, 35-40). 우선, 새로운 사회운동은 기존 사회운동이 제기하지 못했던 다양한 문제를

11 월가점령대운동 참여자의 다음과 같은 진술은 새로운 사회운동의 특징을 명확히 보여준다. "월가점령대운동의 운동방식은 정책에 의해 조직화되는 것이 아니라 운동이 보여준 광경(spectacle), 원형(archetype), 그리고 공감과 창조적인 아이디어에 의해 조직화된 것이다."(Milkman et al. 2013, 24)

사회 논의의 전면에 부각시켰다. 월가점령대운동은 '소득불평등'과 같은 이슈가 사회의 주요한 쟁점이 되는 데 크게 공헌하였고, 실제로 이 이슈는 이후 정치행위자들의 핵심 의제가 되었다. 촛불집회의 경우에도 운동과정에 표출된 거센 비판이 유권자들의 요구에 침묵하고 있었던 정치행위자들이 사과할 수밖에 없는 결과를 가져와 문제제기의 측면에서 새로운 사회운동이 갖는 영향력을 보여 주었다. 새로운 사회운동이 가져다준 또 다른 성과는 운동에 참여함으로써 많은 사회구성원이 사회운동의 가능성을 인식하게 되었다는 점에 있다. 새로운 사회운동에의 참여는 참여자들에게 정치적인 자각과 함께 향후 다른 이슈를 기반으로 한 운동이 등장할 때 활동가로서 적극적인 역할을 수행할 수 있는 경험을 제공하였다.[12]

이와 같은 가능성과 성과에도 불구하고 새로운 사회운동은 영향력의 지속이라는 측면에서 한계를 보이고 있다. 촛불집회와 월가점령대운동은 단기간에 급속히 활성화되었지만 운동에 대한 관심이 약해진 이후에는 초기의 폭발성을 유지하지 못하였다. 이는 새로운 사회운동이 다양한 현안에 대한 문제제기를 담고 있어 일시적인 동원과 쟁점의 부각에는 효과적이지만 운동의 지속성이라는 측면에서 극복해야 할 과제들에 직면해 있음을 의미한다. 다시 말해, 자발적인 참여와 이슈의 공유라는 측면에서는 새로운 사회운동이 전통적인 사회운동과 차별화된 장점들을 갖고 있지만, 운동의 영향력을 지속하기 위해서는 전통적인 사회운동과 마찬가지로 구성원들을 조직하고 이들의 적극적인 참여를 유도할 수 있는 기제를 마련해야 하는 숙제를 안고 있다.

---

12 실제로 월가점령대운동이 쥬코티 공원에서 해산된 이후에 뉴욕에는 운동 참여자들을 중심으로 다양한 형태의 사회운동이 시작되었다.

이러한 과제에 대해 보다 세밀히 이야기하면 정보화 혁명을 기반으로 등장한 새로운 사회운동은 역설적으로 운동의 지속성이라는 측면에서 이익집단의 활성화를 위한 이론적 논의에서 제시된 두 가지 해결책이 마련되기 어려운 구조적 특성을 안고 있다. 올슨은 모든 집단이 집단행동의 문제에 처하기 마련이라고 보고 이에 대한 해결책으로 '선택적 유인(selective incentives)'의 필요성을 제시하고 있다(Olson 1965). 이와 관련하여 살리스버리는 집단행동의 문제를 해결하기 위해 선도적 기업가(entrepreneurs) 또는 활동가(activists)의 역할을 강조하고 있다(Salisbury 1969). 다양한 이슈를 중심으로 결집된 새로운 사회운동은 불특정한 조직 구성원들의 특성상 '선택적 유인'의 제공이 어려우며, 비위계적이고 수평적 의사결정과정을 핵심적인 행동양상으로 하고 있기 때문에 선도적 사업가 또는 활동가의 역할도 제한적일 수밖에 없다.

그러나 한편으로 새로운 사회운동에서 발견되는 참여자들 간의 공감과 연대의식은 연대적 유인이나 목적지향적 유인으로 이어질 수 있는 가능성을 담고 있다. 또한 새로운 사회운동 참여자들이 갖고 있는 높은 참여에의 효능감은 운동 참여 경험을 통해 보다 증폭될 수 있는 여지 역시 갖고 있다. 더욱이 정보화 혁명이 결과한 기술적 수단은 새로운 사회운동의 참여자들이 갖고 있는 역량이 과거 전통적인 사회운동 참여자들에 비해 균등하게 높아질 수 있는 기회를 가져다준다는 점에서 운동이 제기하는 문제에 대해 공동체 구성원들이 지속적으로 공감할 경우 영향력이 지속될 수 있는 토대를 갖출 수 있다.

운동 내적인 요인들이 지속성을 위한 가능성을 갖고 있음에도 불구하고 지금까지 목격되는 새로운 사회운동의 양상은 이를 현실화하지 못하고 있다. 새로운 사회운동이 갖고 있는 영향력의 지속이 공동체 구성원들의 공감에 달려 있음을 고려할 때, 새로운 사회운동의 성공적인 지속은 운동 외적인 요인들에 의해 크게 영향을 받게 된다. 맥아담(Doug McAdam) 등이 지적하듯이 사회운동의 성공 여부는 운동 외적인 요인, 즉 해당 공동체에 형성되어 있는 정치적 기회구조, 그리고 사회운동에 동조하는 공동체의 분위기 등에 의해 상당 부분 좌우된다(McAdam et al. 1996). 미국의 월가점령대운동이 초기에 폭발적이었던 언론의 관심이 사라진 이후 급격하게 그 영향력을 잃었다는 점, 그리고 한국의 촛불집회가 집회 참여자에 대해 정치권력의 탄압이 가해지면서 점차 약화되었다는 사실은 새로운 사회운동의 영향력 유지는 운동 외적인 요인들의 영향력을 얼마나 상쇄할 수 있느냐에 달려 있다고 해도 과언이 아니다.

더불어 새로운 사회운동의 성공 여부는 기왕에 시작된 운동의 방향성이 어떻게 설정되느냐의 측면에서도 영향을 받는다. 미국의 티파티운동은 초기의 수평적인 풀뿌리 유권자 운동의 틀을 벗어나 제도정치권에 영향을 미치기 위하여 후보선정과 선거과정에서 적극적인 역할을 수행하는 방식으로 변모하였다. 반면, 월가점령대운동과 한국의 촛불집회는 여전히 풀뿌리 운동 방식을 유지한 채 제도정치권과는 일정한 거리를 유지하는 모습으로 진행되고 있다. 티파티운동의 변모가 긍정적인 모습인지에 대해서는 논란의 여지가 있으나 사회운동 영향력의 지속성이라는 측면에서는 불가피하게 제도정치권과의 연계와 이를 통해 제도정치권의 변화를 가져올 수 있는 기제를 어떻게 마련할 수 있느냐 하는 고민이 필요해 보인다.[13]

촛불집회와 월가점령대운동 등 새로운 사회운동은 참여자들에게

13 최근 티파티운동이 초기의 풀뿌리 운동의 틀에서 벗어남에 따라 급진적인 활동가들에 의해 주도되고 있다는 점은 주지의 사실이며, 이러한 측면에서 새로운 사회운동으로 볼 수 있느냐 하는 문제 역시 대단히 흥미로운 주제가 된다. 그러나 이는 이 글의 범위를 벗어난다.

운동 참여의 경험을 제공하고 그동안 제도정치권에서 논의되지 못했던 다양한 현안의 제기라는 면에서 긍정적인 역할을 수행하였다. 그러나 운동의 방향성이라는 측면에서 촛불집회와 월가점령대운동은 티파티운동과는 다른 궤도를 보이고 있으며 그 결과 운동의 영향력이 지속되지 못하는 한계 역시 보이고 있다. 촛불집회와 월가점령대운동이 어떻게 현재의 수평적인 구조를 통해 얻게 된 새로운 사회운동의 장점을 유지하면서 제도정치권의 변화를 이끌어낼 수 있는 기제를 마련하는가는 새로운 사회운동이 영향력을 지속함에 있어 대단히 중요한 과제라 할 수 있으며, 이를 위해서는 정치적 기회구조의 확대와 같은 운동 외적인 요인들의 긍정적인 변화에 더욱 큰 노력을 쏟아야 할 것이다. 이를 위한 첫걸음은 다른 무엇보다도 쟁점 이슈에 대해 지속적인 담론구조를 형성함으로써 공동체 전체에 운동에 대한 우호적인 분위기를 조성하는 것이 될 것이다.

4. 결론: 새로운 사회운동의 활성화와 정치과정의 변화

이 글은 최근 한국과 미국에서 목격되고 있는 새로운 사회운동의 활성화에 착안하여 그것이 대의제 민주주의의 정치과정에 어떠한 영향을 미치고 있는지 평가해 보려는 목적에서 한국의 촛불집회, 미국의 티파티운동과 월가점령대운동을 살펴보았다. 논의의 결과, 새로운 사회운동들은 공통적으로 제도정치권에 대한 불신으로부터 등장하였다. 운동의 참여자들은 높은 정치적 관심과 효능감을 기반으로 운동에 참여하는 모습을 보였으며, 이들의 자발적인 참여를 통해 새로운 사회운동은 대의제 민주주의 작동방식의 변화를 촉구하면서 활성화되었다.

새로운 사회운동이 기존의 사회운동과 가장 구별되는 점은 운동의 권력구조와 의사결정과정의 양상에서 찾을 수 있다. 새로운 사회운동은 소통과 교류를 중시하는 수평적 네트워크의 구조를 갖고 있고 의사결정과정 역시 위계적인 구조를 통한 동원보다는 구성원들의 참여를 통한 협의를 중심으로 이루어진다. 또한 행동양태에서도 개인의 참여를 중요시하는 새로운 사회운동은 전통적 사회운동과는 달리 거대담론보다는 생활 이슈를 중심으로 나타나며 운동과정에서 생활공동체의 모습이 나타나기도 한다. 그러나 새로운 사회운동 간에는 서로 차별되는 모습도 나타났는데 이념과 당파성이라는 측면에서 촛불집회와 월가점령대운동의 참여자들은 티파티운동 참여자들과 차이를 보였다. 더불어 참여자의 사회경제적 특성에서도 새로운 사회운동 간에 차이점들이 나타났는데, 특히 참여자의 연령 면에서 차이가 두드러졌다. 운동과정에서 제기되는 이슈의 다양성에서도 촛불집회와 월가점령대운동이 정치, 경제, 사회, 문화 등 다양한 이슈를 제기한 반면, 티파티운동은 주로 연방정부의 재정 문제와 경제 이슈에 집중하는 차이를 보였다.

여러 연구에서 지적하고 있듯이 새로운 사회운동의 등장과 활성화 과정에서 시민들이 보여 준 참여의 힘은 기존 정치개혁운동이 지닌 한계를 극복하고 넘어설 새로운 동력의 가능성을 제공하고 있다. 무엇보다도 자발적인 참여에 기반한 새로운 사회운동의 활성화는 기존 대의제 민주주의의 작동방식에 의문을 제기하면서 다양한 생활이슈를 정치 영역의 의제로 부상시키고 정당을 비롯한 정치행위자들의 근본적인 변화를 촉구하고 있다.

이렇듯 새로운 사회운동의 성과는 다양한 사회구성원들로부터 폭발적인 참여를 이끌어냈다는 점과 새로운 현안들을 정치적인 의제로 부각시켰다는 점에서 찾을 수 있다. 문제는 새로운 사회운동의 시작이 현안의 제기와 참여자들에게 참여 경험을 제공하는 등 다양한 가능성을 보여 주고 있지만 그것이 제도정치권의 변화, 보다 근본적으로는 대의제 민주주의의 작동방식을 바꾸는 데에는 한계를 보이고 있다는 점이다. 무엇보다도 새로운 사회운동은 다양한 관심사안을 표방하고 있기에 참여자들을 지속적으로 결집하고 이를 통해 운동의 영향력을 지속시키는 데 한계를 보이고 있다.

결론적으로 새로운 사회운동은 소통과 연계의 중요성과 그것이 운동의 활성화에 어떻게 기여할 수 있는지 보여 주었지만 대중의 참여행동과 대의제 정치 사이의 관계를 어떻게 모색해야 하느냐라는 난제에 부딪혀 있다. 결국 현재까지 보여 준 가능성에도 불구하고 새로운 사회운동의 장기적인 성과는 자발적인 참여에 기반한 운동과 대의제 민주주의의 주된 행위자인 정당과의 연계를 효과적으로 구축함으로써 대중의 참여를 얼마나 효과적으로 제도화할 수 있느냐에 달려 있다.

참고문헌

강용진. 2008. 「직접행동과 숙의민주주의: '촛불집회'사례 연구」. 『대한정치학회보』 16(2): 233-254.

고원. 2008. 「촛불집회와 정당정치개혁의 모색」. 『한국정치연구』 17(2): 95-118.

송경재. 2009. 「네트워크 시대의 시민운동 연구: 2008 촛불집회를 중심으로」. 『현대정치연구』 2(1): 55-82.

유성진. 2013. 「정치신뢰와 풀뿌리유권자운동: 티파티운동의 사례를 중심으로」. 『미국학논집』 45(1): 79-101.

유성진·정진민. 2011. 「티파티운동과 미국 정당정치의 변화」. 『한국정당학회보』 10(1): 137-166.

윤성이. 2009. 「2008년 촛불과 정치참여 특성의 변화」. 『세계지역연구논총』 27(1): 315-334.

이정희. 2010. 『이익집단정치: 갈등과 통합의 역동성』. 서울: 인간사랑.

장우영. 2010. 「네트워크 개인주의와 시민저항: 2008년 촛불시위를 사례로」. 『한국정치연구』 19(3): 25-54.

Axelrod, Robert. 1984. *The Evolution of Cooperation*. New York: Basic Books.

Baumgartner, Frank R., and Beth L. Leech. 1998. *Basic Interests: The Importance of Groups in Politics and in Political Science*. Princeton: Princeton University Press.

Bentley, Arthur F. 1908. *The Process of Government*. Chicago: University of Chicago Press.

Cordero-Guzman, Hector R. 2011. "Main Stream Support for a Mainstream Movement." Unpublished manuscript. New York: City University of New York.

Dahl, Robert. 1961. *Who Governs?: Democracy and Power in an American City*. New Haven: Yale University Press.

Dahl, Robert. 1967. *Pluralist Democracy in the United States: Conflict and Consent*. Chicago: Land McNally.

Dahl, Robert. 1982. *Dilemmas of Pluralist Democracy: Autonomy vs. Control*. New Haven: Yale University Press.

Key, V. O., Jr. 1964. *Politics, Parties, and Pressure Groups*. New York: Crowell.

Lowi, Theodore J. 1969. *The End of Liberalism*. New York: Norton.

McAdam, Doug, John D. McCarthy, and Mayer N. Zald, eds. 1996. *Comparative Perspectives on Social Movements: Political Opportunities, Mobilizing Structures, and Cultural Framings*. New York: Cambridge University Press.

Milkman, Ruth, Stephanie Luce, and Penny Lewis. 2013. "Changing the Subject: A Bottom-up Account of Occupy Wall Street in New York City." http://sps.cuny.edu/filestore/1/5/7/1_a05051d2117901d/1571_92f562221b8041e.pdf(검색일: 2013. 7. 12).

Moe, Terry M. 1980. *The Organization of Interests: Incentives and the Internal Dynamics of Political Interest Group*. Chicago: University of Chicago Press.

Moe, Terry M. 1981. "Toward a Broader View of Interest Groups." *Journal of Politics* 43: 531-543.

Oliver, Pamela E., Gerald Marwell, and Ruy Teixeira. 1985. "A Theory of the Critical Mass: I, Interdependence, Group Heterogeneity, and the Production of Collective Goods." *American Journal of Sociology* 91: 522-556.

Olson, Mancur, Jr. 1965. *The Logic of Collective Action*. Cambridge: Harvard University Press.

Ostrom, Elinor. 1990. *Governing the Commons: The Evolution of Institutions for Collective Action*. New York: Cambridge University Press.

Rothenberg, Lawrence S. 1988. "Organizational Maintenance and the Retention Decision in Groups." *American Political Science Review* 82: 1129-1152.

Salisbury, Robert H. 1969. "An Exchange Theory of Interest Groups." *Midwest Journal of Political Science* 13: 1-32.

Sandler, Todd. 1992. *Collective Action: Theory and Applications*. Ann Arbor: University of Michigan Press.

Taylor, Michael. 1987. *The Possibility of Cooperation*. New York: Cambridge University Press.

Truman, David B. 1951. *The Governmental Process: The Political Interests and Public Opinion*. New York: Alfred A. Knopf.

Walker, Jack L., Jr. 1983. "The Origins and Maintenance of Interest Groups in America." *American Political Science Review* 77: 390-406.

Walker, Jack L., Jr. 1991. *Mobilizing Interest Groups in America*. Ann Arbor: University of Michigan Press.

Wilson, James Q. 1973. *Political Organizations*. New York: Basic Books.

| 2부 |

이슈별 한미 비교 분석

4장

한국과 미국의 복지체제 비교

윤광일

1. 서론

건국 이후 한국은 "복지 후진국(welfare laggard)"[1]에서 벗어나 본 적이 없다. 1970년대에 이르러 산업화가 본격화되었는데 그 이전에는 국민 과반수가 절대 빈곤층인 가난한 나라로 인간다운 삶을 보장해 줄 여력이 없었다. 또한, 권위주의 정권하에서는 사회정책(social policy)을 포함해 모든 제도가 경제성장 기여 여부에 따라 도입이 결정되고 검증되는 '발전국가형 복지국가' 전략으로 복지국가의 제도화는 뒷전에 머물러 있었다. 이 같은 '선발전 후복지' 전략은 1987년 민주화 이후와 1996년 선진국 경제협력기구인 OECD에 가입할 정도로 경제성장을 일궈 낸 이후에도 기본적으로 지속되어, 복지국가로서의 한국의 위상은 그리 높지 않았다. 다시 말해서, 현대 한국의 복지국가는 여전히 산업화와 관련하여 기능적이고 자연적인 증가로 요약되는,

1 Lipset(1996, 289)이 서구 국가와 비교했을 때 매우 열악하고 '마지못한' 미국의 복지체제를 지칭하며 쓴 개념이다.

제한적이고 저발전된 복지국가로서의 제도적 특성을 보이고 있다(안상훈 2010). 또한, 한국의 복지체제는 오랫동안 국가보다는 가족과 기업이 복지의 공급을 주도하는 '복지 혼합'의 형태를 취해 왔으며, 복지 자본주의 유형 가운데 최소 수준의 복지국가로 분류되고 있는 자유주의 복지국가(liberal welfare state)와 비교해서도 공공사회지출(public social expenditure) 수준이 현저하게 낮은 형태로 유지되어 왔다(안재흥 2013).

그러나 1997년 12월 발발한 외환위기가 이후 총체적인 경제·사회위기로 확대되어 사회안전망[2] 구축이 시대적 과제로 부각되었기에 적어도 양적으로는 사회복지제도를 크게 확충할 수밖에 없는 상황에 처하게 되었다. 이후 상대적으로 진보적인 정당이 10년 동안 연이어 집권함에 따라 비록 제한적 복지국가의 틀을 벗어나지는 못했지만, 복지재정의 팽창 기조가 지속되었다. 예컨대 1990년대에 3%에 머물렀던 GDP 대비 공공사회지출이 2000년 4.8%로 증가했으며, 2009년 이후 2012년까지 9%를 초과할 정도로 급증하였다(OECD 2013b). 또한, 대중여론, 선거, 정부정책 우선순위에서 주변적 이슈로 머물렀던 복지가 2010년 6월 치러진 제5회 전국 동시 지방선거를 기점으로 선거정치에서 승패를 가를 핵심 쟁점으로 떠올랐고, 2012년 12월 치러진 18대 대통령 선거에서도 새누리당과 민주통합당이 서로 우위를 선점하고자 다툰 핵심 이슈로 부각되었다. 더욱이 대선을 계기로 보수정당인 새누리당이 복지정책의 이념적 위치를 상대적으로 진보정당인 민주통합당에 가깝게 이동시켰기 때문에, 향후 한국의 복지국가가 양적 팽창을 넘어 새로운 복지자본주의 유형으로의 질적

2 1997년 IMF 구제금융 시대에 들어간 이후 정부에서 주로 쓰기 시작한 용어로, 4대 사회보험(국민연금, 건강보험, 고용보험, 산재보험)과 공공부조를 통칭하는 개념이다.

인 변화를 겪을 가능성이 매우 커졌다(안재홍 2013, 433-434).

이와 같은 복지 자본주의 유형 변화의 갈림길에서 한국의 '복지체제(welfare regime)'[3]와 상대적으로 유사하다는 실증적 평가를 받고 있는 한편, 한국이 지향 또는 지양해야 할 복지체제로 이념적 정향에 따라 상반된 규범적 평가를 받고 있는 미국의 복지체제에 대해 분석하는 것은 시의적절한 일이다. 이 글의 구성은 다음과 같다. 우선 미국 사례 분석의 타당성을 밝히기 위하여 한미 복지체제의 유사성에 대해 살펴본 후, 미국의 복지제도를 소개할 것이다. 복지국가로서 미국의 3대 사회정책 프로그램은 사회보험(social insurance), 자산조사 공공부조(means-tested programs for the poor), 교육 등을 꼽을 수 있는데(Gilens 1999), 이 글에서는 다른 프로그램과 달리 주로 주정부와 지방정부가 담당하는 교육 부문을 제외하고 사회보험과 공공부조(public assistance)에 초점을 맞추어 소개하고자 한다.[4] 다음으로 미국 복지체제의 저발전을 설명하는 주요 이론으로 권력자원이론(power resource theory), 신제도주의(new institutionalism), 그리고 정치문화적 접근에 대해서 논의한다. 마지막으로 미국 복지체제에 대한 분석이 한국 복지체제에 주는 시사점에 대해 살펴보고자 한다. 이에는 복지체제의 경로의존성(path dependency), 복지체제에 대한 정치문화와 대중 선호의 영향, 다문화사회에 대한 '인종화된 복지(racialized welfare)' 문제의 함의 등을 포함한다.

---

3 체제는 레짐(regime), 즉 여러 제도를 관통하며 존재하는 행위자들의 행동을 억제하는 공식 및 비공식적 원칙과 규범으로서 개별 제도보다는 더 포괄적인 대상을 일컫는다(안재홍 2013, 21-22). 복지체제는 국가·시장(기업)·가족이 상호 연계·의존되어 개인의 위험을 관리하는 제도들의 포괄적 조합을 의미한다(안재홍 2013, 438).

4 2008년 회계연도 기준 총교육지출 중 연방·주·지방 정부가 각각 10%, 25%, 65%씩 담당하고 있다(U.S. Census Bureau 2011, Table 436과 Table 473 참조).

2. 한미 복지체제의 유사성

복지국가 레짐의 유형 분류에서 대표적인 에스핑-안데르센(Gøsta Esping-Andersen)의 연구에 따르면, 미국은 캐나다, 오스트레일리아 등과 함께 자유주의 복지국가의 전형적인 사례로, 복지서비스가 "개인 또는 가족이 시장참여와 상관없이 사회적으로 받아들여지는 생활수준을 유지할 수 있는 정도"(Esping-Andersen 1990, 37)인 탈상품화(de-commodification)가 사회적 권리(social right)로 용인되는 수준이 낮고, 사회정책이 사회계층에 따라 차별적으로 실행되어 "사회적 관계를 서열 짓는"(Esping-Andersen 1990, 55) 사회계층화(social stratification) 정도가 높다. 경쟁적인 개인주의와 전통적이고 자유주의적인 노동윤리에 바탕을 둔 이 유형의 복지국가는 하층에 속한 집단은 사회적 낙인이 찍히는 자산조사 공공부조에 주로 의지하고, 중간층에 속한 집단은 사회보험의 주요 고객이 되고, 부유층 집단은 시장에서 복지를 해결하여 시장에서의 불평등을 복제하는 체제이다(Esping-Andersen 1990, 64-65).[5] 다시 말해서, 자유주의 복지국가에서는 사회복지가 노동윤리를 손상시킨다는 관념이 널리 퍼져 있기 때문에 국가에 의한 사회복지서비스는 '진정한 극빈자(the genuinely poor)'를 대상으로 매우 제한적으로 제공되며, 시장 중심의 고전적 자본주의가 유지된다. 이 같은 복지국가 레짐은 사회복지가 경기침체나 가족위기와 같은 한정적이고

5 Esping-Andersen(1990)은 우선 사회적 권리로서 탈상품화 승인이 심각한 논란거리가 되지 않고, 복지공급자로서의 시장을 전적으로 제거하려 하지만 신분차이(status differential)의 유지를 강조하여 복지국가의 재분배 효과가 무시되는 보수주의적 '조합주의(corporatist)' 레짐을 든다. 그리고 고도의 탈상품화 프로그램과 보편주의적 프로그램이 혼합되어 복지국가가 지향하는 실질적인 보편적 연대를 구축한 '사회민주주의(social democratic)' 레짐을 또 다른 복지국가 유형으로 제시한다. 전자의 예로는 오스트리아, 프랑스, 독일, 이탈리아 등을 들 수 있고 후자의 예로는 스칸디나비아 국가들이 있다.

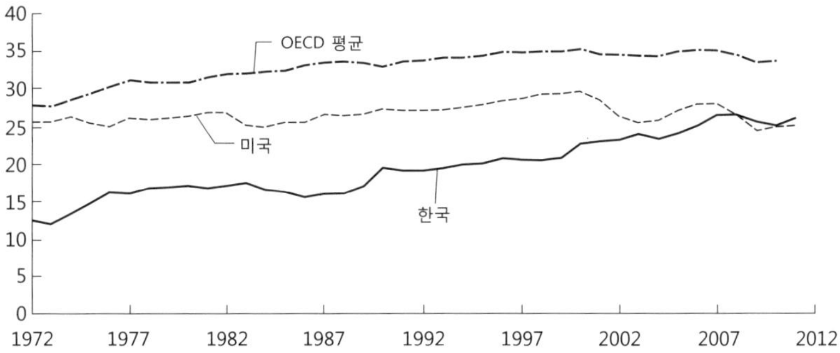

〈그림 4-1〉 국민부담률 추이(1972–2011)

출처: OECD(2013b).

예외적인 상황에서나 작동하는 필요악이자 일종의 보완장치로 기능하는 잔여주의(residualism)의 특성을 보인다(김양미 2012; 남상호·최병호 2011; 박병현 2005a, 2005b; 조흥식 외 2008, 50).

자유주의 복지국가 또는 잔여주의 복지체제의 전형적 사례로서 미국은 '낮은 수준의 국민부담과 복지재정'을 특징으로 한다. 즉, 적게 내고 적게 받는 형태의 복지체제의 특성을 보인다. 무엇보다 한미 복지체제의 유사성은 이 같은 특징에서 찾아볼 수 있다. 우선 조세부담률과 사회보장부담률의 합인 국민부담률, 즉 GDP 대비 총조세수입(total tax revenue)을 1972년부터 2011년까지의 한미 자료와 OECD 평균을 비교하여 보여 주는 〈그림 4-1〉을 보면, 한국과 미국 국민의 복지 부담이 OECD 국가들보다 상대적으로 높지 않음을 알 수 있다.[6] 즉, 한국과 미국의 복지 부담은 OECD 평균보다 높았던 적이 없으며,

6 조세부담률은 GDP 대비 조세 총액의 비율이며 사회보장부담률은 연금, 건강보험, 고용보험, 산재보험 등 각종 사회보장기여금(social security contribution)을 합한 금액이 GDP에서 차지하는 비중이다.

2011년 기준 OECD 평균인 33.8%보다 양국 모두 약 9%p 정도 낮았다(한국 25.1%, 미국 24.8%). 또한, 한국의 국민부담률은 해마다 증가하는 추세이기는 하지만, 2003년 이후에는 미국과 매우 유사한 수준을 유지하고 있다. 국민부담률을 구성하는 조세부담률과 사회보장부담률도 특히 2008년 이후에는 양국의 차이가 크지 않다. 2011년 기준 조세부담률과 사회보장부담률은 미국의 경우 각각 19.4%와 5.7%이며, 한국은 각각 19.8%와 6.1%로 나타났다.

또한, 미국은 복지재정지출, 즉 OECD 기준의 공공사회지출이 다른 OECD 국가보다 낮다. 1990년부터 2013년까지 공공사회지출에 대한 한국, 미국, OECD 평균 자료를 나타내고 있는 〈그림 4-2〉에 따르면, 미국의 복지재정지출은 2000년대에 들어서 증가하는 추세를 보이지만 여전히 OECD 평균보다 약 2%p 낮은 20% 수준에 머물러 있음을 알 수 있다. 한국의 경우에도 1997년 외환위기 이후 비록 꾸준한 증가 추세를 보이고 있으나 여전히 OECD 평균은 물론 미국보다도 약 10%p나 낮은 복지재정지출 형태를 보이고 있다. 다시 말해서, 미국이 다른 경제 선진국에 비해 적게 내고 적게 받는 자유주의적 또는 영미형 복지국가라면, 한국은 비슷한 수준에서 적게 내고 '더욱' 적게 받는 유사한 유형의 체제로 볼 수 있다.

한편, 한국과 미국의 복지지출 형태를 다른 OECD 국가와 비교해서 보면 한국은 공공사회지출은 물론 민간사회지출을 합쳐도 멕시코를 제외하고 복지지출이 가장 적은 나라로 나타났으며, 미국은 두 지출을 합친 경우 OECD 평균보다는 높지만, 이는 상대적으로 큰 비중을 차지하는 민간사회지출에서 기인한 것이다(〈그림 4-3〉 참조).[7]

이처럼 한국과 미국은 국민부담률과 GDP 대비 공공사회지출이

---

7 구체적인 공공 및 민간 사회지출 부문은 이 장의 부록 〈표 4-3〉과 〈표 4-4〉 참조.

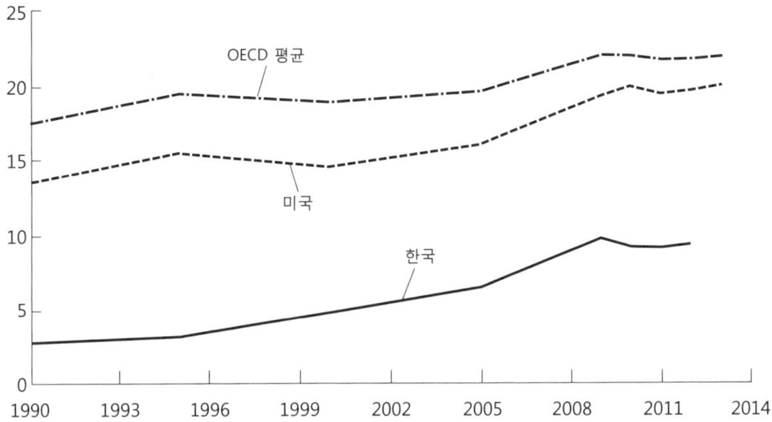

〈그림 4-2〉 GDP 대비 공공사회지출 추이(1990-2013)

출처: OECD(2013b).

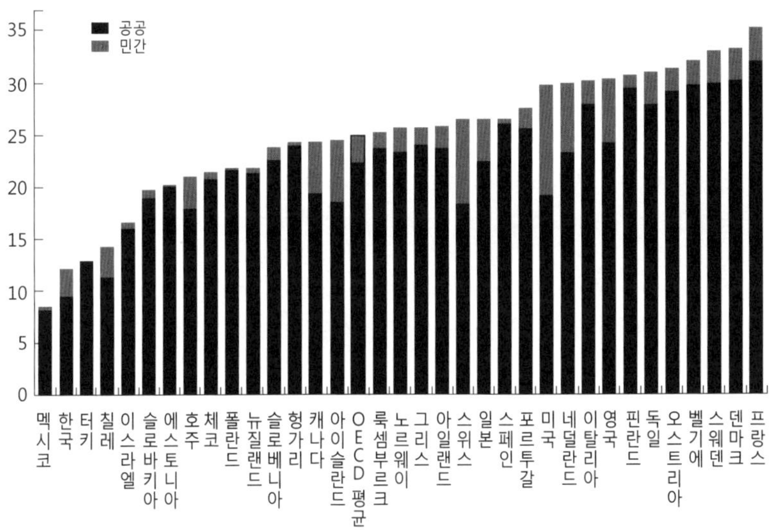

〈그림 4-3〉 OECD 국가의 GDP 대비 공공 및 민간 사회지출(2009)

출처: OECD(2013b).

주: 스위스는 2008년 자료.

낮은 유사한 복지체제로 볼 수 있다. 그러나 복지체제 유지에 영향을 주는 다른 재정 및 사회·경제 지표에 따르면 양국은 다소 다른 특성을 보이고 있다. 이는 한국의 복지국가 체제가 영미형 또는 자유주의 복지국가로부터 다른 유형의 복지국가 체제로 옮겨갈 수도 있는 갈림길에 서 있다는 평가를 가능하게 한다. 예컨대, 양국의 복지 관련 주요 재정 지표를 담고 있는 〈표 4-1〉에 따르면, 통합재정지출 측면에서 미국이 더 큰 정부라고 할 수 있지만, 복지재정지출 여력에 영향을 주는 일반정부 재정수지(general government financial balance)와 국가부채 기준에서 보면, 한국의 형편이 다소 나은 것으로 보인다. 예컨대, 2010년 기준 미국의 GDP 대비 통합재정지출은 42.7%로 한국의 30.1%보다 12.6%p 높지만, 같은 해 일반정부 재정수지와 국가부채는 각각 -11.4%, 97.9%로 한국의 1.3%, 34.3%보다 매우 열악한 실정이다. 2009년 한차례 적자를 보인 한국과 달리 미국의 재정수지 적자는 지난 10여 년 이상 지속된 문제이고, 국가부채도 증가하는 추세를 보이긴 하지만 35% 내외에서 머물러 있는 한국과 달리 2011년 이후 100%가 넘어설 정도로 높은 수준을 나타내고 있다. 재정지표만으로 보건대, 한국은 경제성장에 부담을 줄 수 있는 국민부담률을 높이는 방법 대신 국가부채 수준을 다소 높여, 미국보다 낮은 재정지출과 복지재정지출을 늘릴 수 있는 여유가 있어 보이는 것이다.[8]

한편 한국과 미국은 향후 복지재정에 영향을 미칠 사회·경제 지표로 보면 1인당 GDP로 본 경제 수준에서는 미국이 더 나은 상황이기는 하지만, 고령화율과 불평등 정도를 나타내는 GINI 계수 지표를

8 실제로 한국정부는 '국가부채 수준이 다른 나라에 비해 아직 낮다'는 논리를 내세워 재정적 압박을 부채로 흡수하는 방향으로 재정을 운용했으며, 재정 부담을 미래세대에 떠넘기는 정치적인 결정을 내려왔다(남상호·최병호 2011, 7).

〈표 4-1〉 한미 복지 관련 주요 재정 지표

미국	2002	2003	2004	2005	2006	2007	2008	2009	2010	2011	2012
국민부담률	26.0	25.5	25.7	27.1	27.9	27.9	26.3	24.2	24.8	25.1	–
조세부담률	19.2	18.7	19.0	20.5	21.3	21.4	19.7	17.7	18.5	19.4	–
사회보장부담률	6.8	6.8	6.7	6.6	6.6	6.5	6.5	6.5	6.4	5.7	–
공공사회지출	16.0	–	–	–	–	–	–	19.2	19.8	19.6	19.7
통합재정지출	35.9	36.3	36.1	36.3	36.0	36.8	39.1	42.8	42.7	41.7	–
일반정부 재정수지	-4.0	-5.0	-4.4	-3.3	-2.2	-2.9	-6.6	-11.9	-11.4	-10.2	-8.7
국가부채	56.8	60.2	67.5	67.1	35.8	66.3	75.3	88.8	97.9	102.3	106.3
한국	2002	2003	2004	2005	2006	2007	2008	2009	2010	2011	2012
국민부담률	23.2	24.0	23.3	23.9	25.0	26.5	26.5	25.5	25.1	25.9	–
조세부담률	18.8	19.3	18.4	18.9	19.7	21.0	20.7	19.7	19.3	19.8	–
사회보장부담률	4.4	4.7	4.9	5.1	5.3	5.5	5.8	5.8	5.7	6.1	–
공공사회지출	–	–	–	6.5	–	–	–	9.6	9.2	9.1	9.3
통합재정지출	23.6	28.9	26.1	26.6	27.7	28.7	30.4	33.1	30.1	–	–
일반정부 재정수지	5.1	0.5	2.7	3.4	3.9	4.7	3.0	-1.1	1.3	2.0	2.1
국가부채	19.2	19.7	23.3	25.6	28.6	28.8	30.4	33.5	34.3	36.2	35.1

출처: OECD(2013b).
주: 수치는 대 GDP 비율(%).

보면 양국이 유사한 압력에 놓여 있는 것으로 보인다. 예컨대 미국은 근래에 들어 다소 하향세를 보이고 있지만, 2011년 기준 1인당 GDP가 136.9로 OECD 국가 중 네 번째로 부유한 나라이다. 그러나 미국은 만 65세 이상의 고령 인구 비율이 오랫동안 12.4%에 머물러 있다가 2006년 이후 증가세를 보여 2011년에 13.3%에 이르렀으며, GINI 계수가 지속해서 0.380을 유지하여 OECD 국가 중 멕시코 다음으로 불평등의 정도가 심한 나라로 나타났다. 따라서 앞서 살펴본 바와 같이 자유주의 복지국가이기는 하지만 복지 수요가 높은 나라로 보인다. 한국의 경우 1인당 GDP는 2008년 이후 지속해서 증가하고 있지

〈표 4-2〉 한미 복지 관련 주요 사회·경제 지표

미국	2002	2003	2004	2005	2006	2007	2008	2009	2010	2011	2012
1인당 GDP	141.7	142.8	142.9	143.5	141.3	139.8	137.7	137.5	137.0	136.9	–
고령화율	12.4	12.4	12.4	12.4	12.5	12.6	12.8	12.9	13.1	13.3	13.5
GINI 계수	0.376	0.374	0.360	0.380	0.384	0.376	0.378	–	0.380	–	–
한국	**2002**	**2003**	**2004**	**2005**	**2006**	**2007**	**2008**	**2009**	**2010**	**2011**	**2012**
1인당 GDP	75.7	75.5	76.9	76.9	76.9	78.9	78.8	81.9	84.8	86.3	–
고령화율	7.9	8.3	8.7	9.1	9.5	9.9	10.3	10.7	11.0	11.4	11.8
GINI 계수	–	–	–	–	–	0.306	0.312	0.314	0.314	0.310	0.311

출처: OECD(2013a).

주: 1인당 GDP는 OECD 평균을 100 기준으로 한 구매력평가(purchasing power parity: PPP)로, 고령화율은 만 65세 이상 인구 비율로, GINI는 가처분 소득 기준으로 각각 측정했다.

만, 2011년 기준 86.3으로 미국은 물론이고 OECD 평균에도 미치지 못할 정도로 경제 수준이 높은 나라는 아니다. 반면 고령화율은 급증세를 보여 2012년 현재 11.8%에 이르렀고,[9] GINI 계수도 0.311에 달할 정도로 불평등 수준이 높다(〈표 4-2〉 참조). 요컨대, 한국은 미국보다 부유한 나라는 아니지만 만 65세 이상 인구 비율과 불평등 정도로 가늠해 보면 복지 압력의 정도가 유사한 나라로 판단된다.

3. 미국의 복지제도

일반적으로 미국의 복지제도와 정책은 사회정책의 하나로 다뤄진다. 사회정책은 위험에 처한 특정 범주의 사람들에게 정부가 소득, 안전,

9 OECD 통계 예측에 따르면, 한국의 고령화율은 2021년 16.45%에 달해 미국(16.41%)을 앞지르기 시작할 것이다.

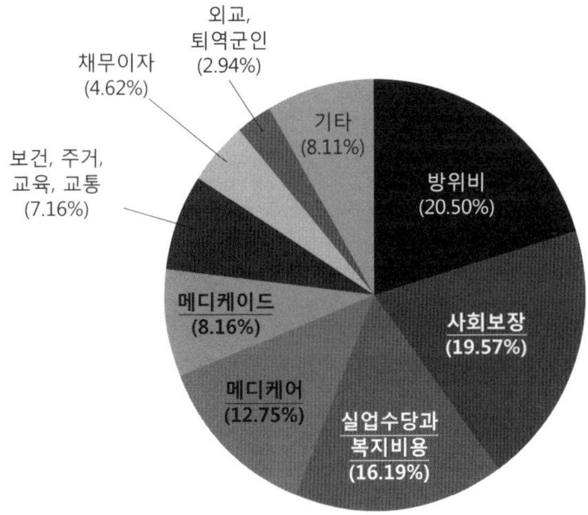

〈그림 4-4〉 연방정부 예산 구성: 회계연도 2010년

출처: *Budget of the United States Government, Fiscal Year 2010*. Kollman(2012, 505)에서 재인용.

교육, 주거, 건강 등에서 기본적인 수준의 도움을 제공하는 조치를 통칭하는데, 이 가운데 연방정부가 예산지출과 정책조정에서 중심 역할을 하는 것으로는 사회보험과 공공부조가 있다(Kollman 2012, 519-534). 연방정부가 한 해의 예산에서 사회보험과 공공부조에 지출하는 비중은 회계연도 2010년 기준 연방지출 총액의 약 56.7%를 차지한다(〈그림 4-4〉 참조).

1) 사회보험

미국의 사회보험은 수혜자가 은퇴, 실업, 장애, 배우자 사망, 군 제대 등의 이유로 소득의 감소가 일어났을 때를 대비하여 목적세(earmarked tax) 형식으로 부담한 기여금을 재원으로 정부가 최소한의 소득을 보장해 주는 프로그램이다(Gilens 1999, 15; Kollman 2012, 529). 사회보험에는 사회보장(Social Security), 메디케어(Medicare), 군인연금(veteran's pension),

그리고 퇴직 공무원 프로그램(public employee retirement program), 산재보험(worker's compensation), 실업보험(unemployment insurance) 등으로 구성되는 소득보장(income security) 등이 포함된다. 이하에서는 사회보험 프로그램 중에서 가장 비중이 크고 정치적으로 가장 논쟁적인 사회보장과 메디케어에 초점을 맞추어 살펴본다.

(1) 사회보장

미국은 건국 이후 1929년 10월 대공황이 발발하기 전까지 남북전쟁 참전자 연금(Civil War pensions)을 제외하고는 연방정부 차원의 의미 있는 사회복지정책이 없었다. 이는 빈곤의 원인을 개인의 책임으로 간주하고, 가능하면 정부가 아닌 민간 중심으로 구제받을 자격이 있는 빈민(the deserving poor)에게만 도움을 줄 수 있다는 개인주의적 또는 자유주의적 정치이데올로기의 영향으로 보인다. 그러나 대공황 이후 5천여 개의 은행이 도산하고 수십만 개의 민간 기업이 파산한 동시에 평균 실업률이 29%에 육박함에 따라 중산층에까지 빈곤 문제가 현실화되는 등 정부 차원의 조치가 불가피한 상황이 되었다. 이에 따라 루스벨트(Franklin D. Roosevelt) 대통령은 대공황 극복을 위한 뉴딜 정책의 하나로 노령연금, 실업보험, 공공부조와 사회복지서비스로 구성된 사회보장 프로그램을 제안하고 1935년 의회가 사회보장법(Social Security Act)을 통과시켜 이를 뒷받침했다(김양미 2012). 오늘날 미국 사회정책의 핵심 프로그램이자 연방예산 중 가장 지출 비중이 큰 프로그램이 탄생하게 된 것이다.[10] 한 가지 흥미로운 사실은 사회보장이란 용어 자체가 바로 미국의 이 사회보장법에서 비롯되었으며, 그 후 1942년 영국의 「베버리지 보고서」에서 '사회보장'이란

10 회계연도 2011년 이후 근소한 차로 국방비보다 비중이 더 커졌다.

용어가 구체적인 개념으로 자리 잡게 되었고, 제2차 세계대전 이후에 각국에서 보편적으로 사용하는 개념이 되었다는 것이다(조흥식 외 2008, 210).

입법 이후 몇 차례에 걸쳐 개정된 미국의 사회복지에 관한 기본법인 사회보장법은 소득보장이 주된 서비스인 연금보험에 제한되지 않고 실업보험, 모자보건, 장애인복지, 노인의료, 의료급여 등을 포함하는 종합적인 법률로서의 위상을 가진다(조흥식 외 2008, 211; U.S. Code Title 42 The Public Health and Welfare Chapter 7 Social Security). 그러나 현재 연방정부 프로그램으로서 사회보장은 주로 노령(은퇴), 유족, 장애 대비 보험(Old Age, Survivors, Disability Insurance: OASDI)을 가리킨다. 일반적으로 실업보험은 연방정부가 실업보험 목적 세금과 운영기구에 대한 사항만 관장하고 세부사항은 각 주의 입법사항으로 되어 있어 주가 관장하는 프로그램의 성격이 강하고, 1965년 개정된 사회보장법에 포함된 의료보험인 메디케어(Medicare)와 메디케이드(Medicaid)는 각각 사회보험과 공공부조의 일부로 독립적으로 다루어지기 때문이다.

사회보장의 재원은 대부분 FICA(Federal Insurance Contributions Act) 세금과 자영업자를 대상으로 한 SECA(Self Employed Contributions Act) 세금이라는 급여세(payroll tax) 형식의 사회보장세를 통해 조달되며, 국세청에 해당하는 IRS(Internal Revenue Service)가 징수하여 사회보장을 전담하는 연방정부 독립기관(independent agency)인 SSA(Social Security Administration)가 사회보장신탁기금(Social Security Trust Funds) 형태로 관리한다.[11] 즉, 현재의 고용자와 피고용자가 낸 세금으로 현 노령인구

---

11 2013년 현재 FICA 세금 요율은 12.4%로 피고용자가 임금(113,700달러 이하까지만 부과)의 6.2%를 부담하고 고용자가 나머지 반인 6.2%를 부담하며, SECA의 요율은 소득

의 기본 수입을 보장하는 방식으로 운용되는 것이다.

사회보장 급여는 최소 62세가 넘는 은퇴한 노인과 장애인에게 현금으로 지급된다. 최소 10년 동안 사회보장세를 납부한 은퇴자가 받는 노령 급여는 은퇴 전 가구 소득이 부분적으로 영향을 주기는 하지만, 노동 이력과 관계없이 일정한 연령 이상의 모든 노인에게 보편적으로 최소한의 급여가 보장된다. 노령 사회보장 수혜자가 사망한 경우 연금은 기본적으로 배우자 또는 18세 미만의 피부양 아동에게 지급된다. 장애 사회보장 급여는 연령과 상관없이 질병으로 기존에 하던 일이나 다른 일을 할 수 없고, 장애 상태가 1년 이상 지속되거나 죽음을 초래할 가능성이 있는 경우에 당사자와 배우자, 피부양 아동에게 지급된다. 2013년 CBO(Congressional Budget Office) 보고서에 따르면 노령, 유족, 장애 급여가 각각 사회보장 총급여의 70%, 11%, 19%를 차지한다(CBO 2013a, 49).

사회보장 프로그램은 형평성과 지급 불능 등의 심각한 문제에도 개혁이 어려워 흔히 강력한 전류 때문에 만지기 위험한 '제3열(the third rail)'에 비유된다.[12] 이는 무엇보다 사회보장이 2012년 현재 약 5,700만 명 이상의 미국인이 혜택을 받고 있는 보편적인 사회정책 프로그램으로서 지지정당과 세대를 초월하여 지지를 받고 있기 때문이다(Kollman 2012).

113,700달러 이하까지의 12.4%이다(http://ssa-custhelp.ssa.gov/app/answers/detail/a_id/240).

12 사회보장세는 저소득층의 수입이 차지하는 비율이 높은 일종의 역진세로서 형평성의 문제가 제기되고 있다. 사회보장 프로그램은 현재 수준의 요율과 급여 수준이 유지된다면 2031년에 지급불능 사태가 도래할 것으로 예측되는데(CBO 2013a, 54), 이는 무엇보다도 베이비 붐 세대의 대량 은퇴와 관련이 있다.

(2) 메디케어

'위대한 사회(Great Society)' 건설을 위한 빈곤과의 전쟁 프로그램의 하나로 존슨(Lyndon Johnson) 대통령이 저소득층 공공의료 부조 프로그램인 메디케이드와 함께 의회를 통과시켜, 1966년부터 시작된 메디케어는 65세 이상 노인, 말기 신부전증 환자와 루게릭병 환자에게 의료서비스를 보장하는 연방정부 차원의 공공의료보험제도이다. 다만 메디케어는 의료비 전액이나 대부분의 장기 질환 치료비를 보장해 주지는 않는다. 메디케어의 보장범위는 Part A부터 D까지 네 가지 유형으로 나뉘어 있다. Part A는 병원보험(hospital insurance)으로 65세 이상의 사회보장 연금 대상자 모두에게 해당하는 보험인데, 주로 입원, 특정 기술을 요하는 간호, 가정의료서비스 등을 보장하며, Part B(medical insurance)는 통원치료, Part D(prescription drug plans)는 처방약을 보장한다. 또한, 대부분의 메디케어 가입자들은 연방정부가 '의료행위별 수가(fee-for-service)'를 직접 지급하는 형식으로 의료서비스를 받지만, Part C(Medicare Advantage plans) 가입을 통해 민간보험 선택하여 Part A와 B의 메디케어 혜택을 받을 수 있다. Part B와 C, D는 Part A와 달리 가입자가 월 보험료를 부담하는 선택사항이다(이소영·이옥연 2013; CBO 2013a).

메디케어 기금은 사회보장과 마찬가지로 급여세 형식의 FICA 및 SECA 세금으로 대부분 조달되어, 연방정부 HHS(Department of Health and Human Services) 산하 기관인 CMS(the Centers for Medicare and Medicaid Services)가 관리하는 메디케어 신탁기금(Medicare Trust Funds) 형태로 운용된다.[13] 즉, 미래의 수혜자가 미리 투자하는 메디케어 기

---

13 2013년 현재 요율은 2.9%로 FICA 세금의 경우 고용자와 피고용자가 절반(1.45%)씩 부담하며, 자영업자는 2.9%를 전부 부담하도록 되어 있다. 또한, 개인 소득 20만 달러,

금으로 현 수혜자의 의료서비스를 보장하는 방식으로 운용되는 것이다. 2010년 현재 약 4,750만 명이 가입되어 있는 메디케어는 연방정부 지출의 약 13%를 차지하고 있으며(U.S. Census Bureau 2011), 의료 기술 발달로 인한 노인층 중심의 의료 수요 증가와 부시(George W. Bush) 대통령에 의해 2006년 도입된 처방약 보장(Part D)으로 인해 지출이 더욱더 급증할 전망이다. 그러나 투표에 적극적인 노인 유권자층과 50세 이상 약 4천만 명의 회원을 가진 미국은퇴자협회(AARP) 등의 영향력으로 현 프로그램의 개혁이 어려운 상황이다(www.aarp.org; Huber et al. 1993).

2) 공공부조

공공부조는 앞서 살펴본 사회보험과 함께 미국 사회정책을 구성하는 또 하나의 핵심 프로그램이자 미국에서 복지(welfare)가 전형적으로 가리키는 빈민구제 방식이다(Gilens 1999). 공공부조는 수혜자의 기여금을 바탕으로 재정 상태와 관계없이 지급되는 사회보험과 달리, 일반 세금으로 조달하여 자산조사(means-tested)를 바탕으로 수혜 자격을 결정한다. 자산조사 공공부조 프로그램에는 구체적으로 메디케이드, TANF(Temporary Assistance for Needy Families), SNAP(Supplemental Nutritional Assistance Program), CHIP(Children's Health Insurance Program), SSI(Supplemental Security Income), EITC(Earned Income Tax Credit) 등이 속한다. 연방정부는 회계연도 2012년 기준으로 GDP의 약 4%(약 5,880억 달러)를 이들 프로그램에 지출하고 있다(CBO 2013b, 1). 이 글에서는 메디케어와 함께 미국 공공의료보험제도의 두 축을 이루는 메디케이드와 복지개혁의 핵심 대상으로 지적되어 온 TANF와 SNAP을

부부 합산 소득 25만 달러가 넘는 고소득자는 초과소득에 대해 3.8%를 부담한다.

중심으로 살펴보겠다. 수혜자의 기여금으로 재원이 조달되는 사회보험과 달리 일반 조세로 마련된 기금으로 운용되는 자산조사 공공부조 프로그램은 수혜자가 주로 교육수준이 낮은 빈곤층이라 저항의 조직화가 어렵고, 이들을 옹호하는 이익집단의 세력도 약해 전자보다 상대적으로 쉽게 복지개혁 논의의 대상이 된다.

(1) 메디케이드

메디케어와 함께 존슨 대통령 시기에 도입된 메디케이드는 빈곤층에게 주어지는 포괄적 의료보험 혜택으로서, 소득과 자산조사를 통해 확인한 빈곤층에게 입원, 외래, 처방약, 장기 가정 간병비 등의 의료서비스 비용을 보장한다. 메디케이드의 수혜자격을 포함하여 구체적인 운용 방식은 주정부가 결정하는데, 2013년 현재 39개 주에서 SSI 수혜자격과 같은 기준을 적용하고 있다.[14]

메디케이드는 연방정부와 주정부가 공동으로 재원을 마련하는데, 연방정부는 각 주의 소득수준을 고려하여 정해진 비율인 FMAP(Federal Medical Assistance Percentage)에 따라 운용기금을 부담하는 대신, 주의 메디케이드 운영방식에 대해 연방 가이드라인을 제시한다.[15] 연방 가이드라인에 따르면, 각 주는 SSI 프로그램 수혜자격이 있는 저소득층 아동 및 가정, 임신 여성, 장애 노인 등을 반드시 메디케이드 수혜자격자로 포함해야 한다. HHS 산하 CMS가 이와 같은

14 SSI는 SSA가 사회보장세가 아니라 연방정부 일반 조세 수입으로 운용하는 빈곤층 중 노인(65세 이상), 장애인 등을 대상으로 하는 자산조사에 기초한 소득보조 프로그램이다. 수혜자격 기준과 지급 수준은 주로 주정부가 결정한다(http://www.ssa.gov/ssi/text-over-ussi.htm).

15 2013년 현재 FMAP는 최소 50%, 최대 75%, 평균 57%인데, 연방정부는 PPACA에 의해 주별로 확대된 메디케이드 수혜자에 대한 비용을 부담할 예정이며, 이를 통해 FMAP를 평균 60%까지 끌어올릴 것으로 예측된다(CBO 2013a, 34).

의무적 수혜자격자 집단(mandatory eligibility groups) 설정을 포함하여 각 주의 구체적인 메디케이드 운용을 감독한다.[16]

메디케이드는 연방정부가 관장하는 자산조사 공공부조 프로그램 중 가장 비중이 큰 것으로서, 회계연도 2012년 기준 자산조사 공공부조 프로그램 지출 총액(약 5,880억 달러)의 42.7%(약 2,510억 달러)에 달하는 것으로 나타났다(CBO 2013b, 1). 2013년 현재 약 7,200만 명이 연중 특정 시기에 메디케이드 혜택을 받고 있는데, 수혜자의 50% 정도가 아동이며, 33%가 이들 부모와 임신 여성이며, 25%가 장애 노인이다. 메디케이드 지출액의 약 67%는 장애 노인에게 지급된다(CBO 2013a, 34-35). 주 차원에서 볼 때 메디케이드는 회계연도 2012년 기준 주 예산의 23.9%를 차지하여 초등교육(19.8%), 고등교육(9.9%)과 함께 가장 비중이 큰 프로그램이다(NASBO 2012).[17]

한편, 2010년 의회를 통과한 PPACA(Patient Protection and Affordable Care Act)는 메디케어와 메디케이드 법안 제정 이후 가장 중요한 공공의료보험개혁 법안이라는 평가를 받고 있다. 이로써 2014년부터 연방 빈곤선(federal poverty level: FPL) 133% 이하의 모든 성인에게 메디케이드 수혜 자격을 확대할 수 있는 선택권이 주정부에 부여되었다(CBO 2013a, 33).[18] 이른바 '오바마케어(Obamacare)'라고도 불리는 PPACA는 2014년까지 모든 미국인이 의무적으로 의료보험에 가입하도록 규정(individual mandate)해 놓고 있어, 빈곤층에 대한 의료보험 지

16 메디케이드를 받기에는 소득이나 자산 수준이 높은 저소득층 가정의 아동은 연방정부의 CHIP 프로그램에 참여할 수 있다. SCHIP(State CHIP)로도 알려져 있는 이 프로그램은 회계연도 2012년 기준 약 800만 명의 아동이 혜택을 받고 있으며, 연방정부는 약 91억 달러를 쓴 것으로 나타났다(CBO 2013a, 35).

17 미주리가 메디케이드 지출 비중이 가장 큰 주(35%)로 와이오밍이 가장 작은 주(9.3%)로 드러났다.

18 2013년 현재 FPL은 4인 가족 기준 23,550달러이다.

원이 대폭 확충될 것으로 예상된다(이소영 2013).

(2) TANF와 SNAP

TANF는 1935년에 만들어진 사회보장법 프로그램 중 하나로 출발하여 1996년까지 빈곤 가정에 일반적으로 조건 없이 보조금 혜택을 주었던 AFDC(Aid to Families with Dependent Children)를 대체한 빈곤층 구제 프로그램이다. 즉, AFDC가 주로 빈곤 모자 가정을 대상으로 하는 복지 프로그램이라 미혼모를 양산하고 여성의 노동시장 참여를 저해한다는 비판이 공화당과 신자유주의 세력을 중심으로 거세어지자 복지개혁("end welfare as we have come to know it")을 공약으로 내세우고 집권한 클린턴(Bill Clinton) 대통령이 이를 근로와 복지혜택을 연계시키는 형태의 '근로복지(workfare) 프로그램'인 TANF로 대체한 것이다. TANF는 클린턴 대통령이 공화당과의 지난한 협상을 통해 1996년 의회를 통과시킨 대대적인 복지개혁 법안인 PRWORA(Personal Responsibility and Work Opportunity Reconciliation Act)의 일환으로 만들어졌다.

TANF는 수혜 기간을 생애 총 5년으로 제한하고, 수혜를 받는 경우에도 2년 안에 일을 구하도록 규정하고 있다. 또한, 18세 이하 미혼모의 경우에는 성인과 함께 살거나 학교에 다닐 동안에만, 그리고 모든 미혼모의 경우에는 아이 아버지에 대한 정보를 제공한 경우에만 혜택을 받을 수 있도록 정해 놓았다(이소영·이옥연 2013, 509-510). 이를 통해 TANF는 빈곤 가정도 자신의 집에서 아동을 기를 수 있도록 하고, 근로와 결혼을 장려하여 복지 의존증(dependency)을 줄이고자 했으며, 무계획적 임신을 억제하고 두 부모 가정을 장려하려는 것이다. HHS 산하 Office of Family Assistance에서 관장하는 TANF는 각 주에 배분되는 포괄보조금(block grant)과 주 자체 TANF 기금인

MOE(maintenance of effort)가 결합하여 운용되는데, 각 주는 수혜 기간 및 자격, 보조금 지급, 근로 규정 위반 시 제재 방식 등에 있어서 상당한 자율권을 갖고 있다. 포괄보조금은 입법 당시 매해 총 165억 달러로 정해 놓았는데, 인플레이션을 고려하면 1996년보다 실질적으로 30% 정도 지원규모가 줄었다고 볼 수 있다. 또한, 회계연도 2011년 기준 주 자체 TANF 기금은 약 150억 달러로 이는 1994년 주가 부담한 AFDC 비용의 절반 정도에 불과한 것이다. 한편, TANF 참여사례(caseload) 수는 빈곤층과 빈부격차의 증가에도 불구하고 시행 이후 2012년까지 16년간 약 60%가 줄어 프로그램의 성과에 대한 회의적 시각이 존재한다(CBPP 2012).

빈곤층 영양보조 프로그램인 SNAP은 제2차 세계대전 중 시작되어 존슨 대통령에 의해 1964년 영구적 프로그램으로 법제화된 푸드스탬프(Food Stamp) 프로그램을 대체하여 2008년부터 시작된 제도이다. 농무부(Department of Agriculture)에서 관장하고 주정부가 운용하는 SNAP은 소득과 자산조사를 통해 판별한 빈곤층에게 현금화할 수 없는 식료품 구매 카드를 제공한다. 소득조사 시 SSI, TANF, 그리고 대부분의 은퇴연금은 소득으로 포함하지 않아 중복 수혜가 가능하며 수혜자는 SNAP 카드를 이용하여 주류, 음식점 음식 등을 제외한 식료품을 구매할 수 있다. SNAP 기금은 회계연도 2012년 기준 약 746억 달러에 달했으며, 2013년 1월 현재 미국인의 15% 이상인 4,700여만 명이 1인당 월평균 132.42달러의 SNAP 보조금을 받고 있다.[19]

지금까지 살펴본 미국의 자산조사 공공부조 프로그램의 규모를 그림을 통해 비교해 보면 〈그림 4-5〉, 〈그림 4-6〉과 같다.[20] 우선, 월

19 http://www.fns.usda.gov/pd/34snapmonthly.htm

20 〈그림 4-4〉와 〈그림 4-5〉의 EITC는 저소득층 대상의 세금환급 프로그램이다.

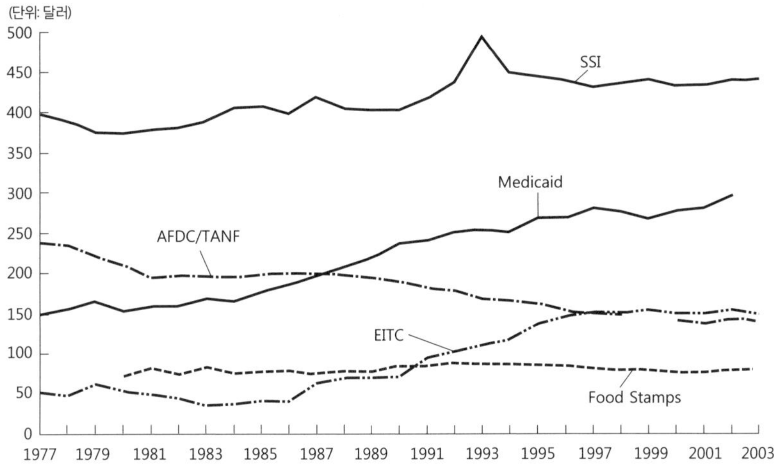

〈그림 4-5〉 자산조사 공공부조 프로그램별 1인당 월평균 수혜액(1977-2003)

출처: CBO(2005), Figure 2. Average Monthly Benefits in Means-Tested Program.
주: 2003년 달러 기준.

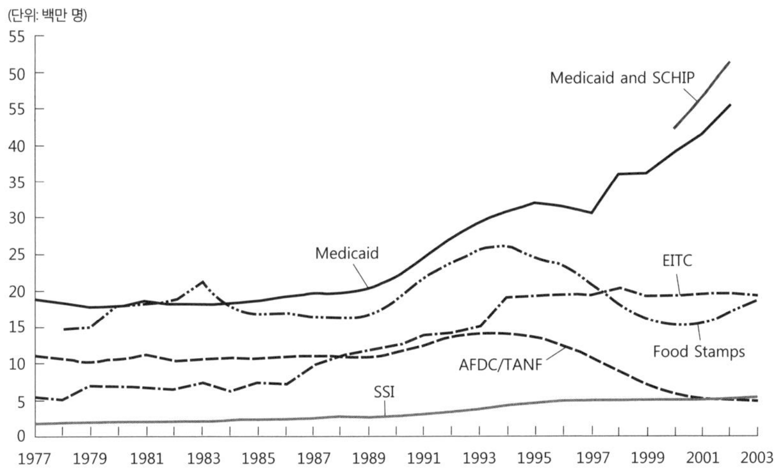

〈그림 4-6〉 비노년층 자산조사 공공부조 프로그램별 수혜자 수(1977-2003)

출처: CBO(2005), Figure 1. Participation by Nonelederly People in Major Means-Tested Programs.

평균 수혜액으로 보면 소득보조금인 SSI가 가장 크고, SNAP으로 대체된 푸드 스탬프 프로그램이 가장 작다. 또한, 대표적인 현금지급 복지 프로그램으로 논란과 개혁의 대상이 되어 온 AFDC/TANF는 지속적인 감소세를 보이고 있다(〈그림 4-5〉 참조). 수혜자 수로 본다면, 빈곤층 의료서비스인 메디케이드와 새로 도입된 SCHIP에 대한 지출이 가장 크고 급증세를 보이고 있으며, AFDC/TANF가 1996년을 기점으로 하락세를 지속하고 있음을 알 수 있다(〈그림 4-6〉 참조).

4. 미국 복지체제의 이론

미국의 복지체제를 구성하는 사회보험과 공공부조는 한 해 예산의 약 60%에 달할 만큼 그 비중이 크다. 그럼에도 앞서 본 바와 같이 GDP 대비 공공지출을 기준으로 볼 때 미국은 OECD 평균에도 못 미치는 복지 후진국이다. 미국은 '낮은 수준의 국민부담과 복지재정'을 특징으로 하는 영미형, 자유주의 복지국가, 잔여주의 복지체제의 전형적인 사례인 것이다(김양미 2012; 남상호·최병호 2011; 박병현 2005a, 2005b; Alesina and Glaeser 2004; Esping-Andersen 1990). 이 절에서는 이와 같은 미국 복지체제의 저발전을 설명하는 이론 중 권력자원이론, 신제도주의, 그리고 정치문화론을 중심으로 살펴본다.

1) 권력자원이론

1970년대까지 비교복지국가 연구는 산업화와 경제성장으로 야기된 사회 문제(예컨대, 농촌해체, 대량 실업, 산업재해, 노령, 가족과 친족 중심의 전통적인 비공식적 원조망 해체 등)를 해결하기 위해서 사회복지정책이 출현했다는 '산업화 논리(logic of industrialism)'를 중심으로 하는 이론이

주류를 이루었다. 사회경제발전이 어느 수준에 이르면 사회제도가 어느 한 점으로 수렴된다고 주장하기에 '수렴이론'으로도 알려진 이 이론은 무엇보다 미국 사회복지정책의 저발달을 설명하는 데 실패했다. 사회보장제도를 처음 도입한 1935년에 미국은 농업 종사 인구가 20%에도 못 미칠 정도로 세계 제일의 산업국가였지만, 독일을 비롯한 다른 산업국가들에 비해 사회보장제도의 발달이 매우 늦었기 때문이다(박병현 2005a).

수렴이론의 대안으로 1970년대 말부터 제기된 권력자원이론은 역사적으로 형성된 계급과 정당의 상대적 세력 판도에 의해 복지국가 레짐 및 정책 차이가 발생한다는 주장을 핵심으로 담고 있다. 다시 말해서 노동운동이 동원할 수 있는 조합원 수나 자금, 의회 의석과 내각 구성 등을 권력자원으로 규정하고 이러한 자원의 차이와 상호작용이 복지국가의 발전에 미치는 영향력을 분석한 것이다. 권력자원이론에 따르면 수렴이론과 달리 산업화나 경제발전의 수준이 비슷할지라도 노동계급과 자본계급 간, 좌파 정당과 우파 정당 간 권력자원의 차이가 복지국가의 크기와 재분배 유형을 결정하게 된다. 예컨대, 공공지출 수준이 다른 서구 국가들보다 매우 낮은 미국의 자유주의 복지체제는 무엇보다 상대적으로 약했던 노동운동과 사회주의적 정당 혹은 좌파 정당의 부재에 기인한다. 반면에 전통적으로 노동운동이 강했던 스웨덴, 노르웨이 등의 북유럽 국가에서는 높은 수준의 복지서비스가 제공되는 사민주의 복지체제가 형성되었다(박병현 2005a; 안재흥 2013; Esping-Andersen 1990; Huber and Stephens 2001; Brooks and Menza 2006, 2007).

알레시나(Alberto Alesina)와 글레이저(Edward L. Glaeser)는 미국 노동운동과 좌파의 실패가 다음과 같은 미국 예외주의(exceptionalism)의 세 가지 요소인 지리, 민족적·인종적 이질성, 군사적 성공 등에 기인한다고 주장한다(Alesina and Glaeser 2005: 107-126). 예컨대, 광활한 영토는 나라 전체를 위협할 정도의 전국적인 노동운동의 조직화를 어렵게 했고, 민족적·인종적 이질성은 좌파의 분열을 촉진했으며, 자국 영토에서 한 번도 외국 군대에 져본 적이 없는 잘 조직화된 군대는 시위세력을 효과적으로 무력화시킬 수 있었다.

한편, 권력자원이론은 현존하는 복지체제 유형의 역사적 기원을 밝히는 데에는 적절하지만, 각 유형의 역사적 변천 또는 발전 경로를 탐구하는 데에는 한계가 있다. 이 같은 한계는 미국의 복지체제를 설명하는 데에서도 예외가 아니다. 신제도주의적 접근(new institutionalism), 보다 구체적으로 경로의존(path dependency) 이론은 이와 같은 권력자원이론의 한계를 극복한다.[21]

2) 신제도주의와 경로의존

복지국가에 대한 신제도주의적 관점 혹은 복지국가 체제론적 관점 또한 산업화 논리의 수렴이론에 대한 이론적 대응이라는 측면에서 권력자원이론과 그 궤를 같이한다. 즉, 신제도주의적·체제론적 관점에 따르면, 복지국가들 사이에 관찰되는 차이는 개별 복지국가가 보편적 발전 과정의 상이한 단계에 위치하기 때문에 나타나는 것이 아니라, 몇 개의 복지국가가 배타적으로 구분되는 집락으로 발전했기 때문에 발생한다. 이에 덧붙여 공식·비공식적 규칙, 관례, 규범, 관습 등으로 규정되는 광의의 제도가 개인의 행위에 영향을 미쳐 특정한 사회·정치적 결과를 산출하는 과정에 초점을 맞춘 신제도주의는

---

21 복지국가를 설명하는 이론으로서 권력자원이론과 신제도주의적 접근은 상충하는 이론이라기보다는 연구 초점의 차이로 구별된다. 예컨대, 에스핑-안데르센은 노동자계급 동원의 성격과 계급의 정치적 연합의 구조를 중시하는 권력자원론자인 동시에 복지국가 유형에서 경로의존적 제도 발전을 중시하는 신제도주의론자이다.

과거의 제도화된 정책유산(policy legacies)의 경로를 따르는 복지국가 체제의 제도적 발전과 변화 과정을 강조한다. 과거의 정책과 제도는 '톱니바퀴(ratchet)'처럼 거꾸로 되돌릴 수 없는 유산을 남겨, 현재의 체제를 '가둬놓는(locking-in)'다는 것이다(안상훈 2010; Huber et al. 1993; Hall and Taylor 1996; Brooks and Menza 2007).

이른바 경로의존성을 중시하는 신제도주의적 관점에 따르면, 미국 복지체제의 저발전은 무엇보다 사회정책 발전을 저해하는 헌법구조(constitutional structure)에서 그 이유를 찾을 수 있다(Huber et al. 1993; Alesina and Glaeser 2004). 예컨대, 후버(Evelyne Huber)와 동료들(1993)은 헌법구조(constitutional structure)가 정치권력을 분산시키고 정책 결정과 실행에 영향을 줄 수 있는 제도적 장치가 많을수록 복지국가 발전을 저해할 것이라는 가정하에 이를 연방제, 대통령제, 강한 양원제, 소선거구제, 국민투표 등의 제도를 바탕으로 조작적으로 정의했는데, 미국은 조사대상 OECD 17개국 중 가장 높은 점수를 획득했다. 즉, 미국은 소수파 이익집단이 사회정책의 입법을 막는 영향력을 행사할 수 있는 '개입 지점(entry points)'이 상대적으로 많은 헌법구조로 되어 있어 복지국가의 발전이 더뎠다는 것이다.

알레시나와 글레이저는 후버와 동료들의 연구(1993)를 보다 구체화하여 선거제도와 연방제, 삼권분립 등이 미국의 복지체제 저발전에 큰 영향을 미친 제도적 원인이라고 주장한다(Alesina and Glaeser 2004). 예컨대, 비례대표제는 다당제와 분절된(fragmented) 의회를 만들어 내는데, 이와 같이 분절된 정치체제하에서는 다양한 집단의 이익을 반영하여 지출을 확대하며, 적자일 때에도 삭감이 어려운 특성을 보이게 된다. 경험적 증거에 따르면, 1인당 GDP, 경제 개방도, 노령인구 비율 등을 통제한 경우 선거제도의 차이가 미국과 유럽의 복지지출 차이의 절반 정도를 설명할 정도로 매우 중요한 것으로 드러났다. 또한, 미국은 연방제로 인해 소득재분배 효과가 있는 공공정책을 유럽에 비해 주정부와 지방정부를 통해 더 많이 시행하고 있다. 이는 주 간 조세 경쟁(tax competition)과 이주의 용이성(mobility)으로 세율이 낮게 유지되고, 부유한 지역으로부터 가난한 지역으로의 재분배가 회피되는 효과를 산출한다. 그리고 삼권분립, 더 나아가 분점정부(divided government)의 견제와 균형은 급진적 복지정책의 도입을 막는 기능을 해왔으며, 특히 독립적인 사법부는 제2차 세계대전 이후 재분배 관련 조치를 막는 데 결정적인 역할을 해왔다.

한편, 알레시나와 글레이저는 이들 제도적 변수와 앞서 살펴본 사회주의·공산주의 정당 및 노조의 부재를 통칭하여 '정치적 변수'로 부르는데, 이들의 영향력이 소득불평등, 계층이동 개방도, 개방경제에 따른 소득 불확실성 같은 경제적 변수보다 미국 복지체제의 저발전에 결정적이었다고 주장한다. 다시 말해서, 이들에 따르면 미국보다 상대적으로 발전한 복지국가 체제를 지닌 서구 유럽의 나라들과 미국이 이들 경제적 변수에서 의미 있는 차이가 없으므로 큰 차이를 보이는 정치적 변수 중심의 '정치적 설명(political explanations)'이 '경제적 설명(economic explanations)'보다 미국 복지체제의 저발전을 설명하는 데에 적합하다는 것이다.

3) 정치문화와 대중 선호[22]

미국 복지체제의 저발전을 설명하는 또 하나의 이론으로 미국의 핵심가치와 대중의 정치적 선호를 중시하는 정치문화론을 들 수 있다.

22 앞서 살펴본 바와 같이 신제도주의에서는 제도를 공식·비공식적 규칙, 관례, 규범, 관습 등을 포괄하는 넓은 의미로 파악한다. 따라서 정치문화와 대중 선호의 영향에 대한 연구도 넓게 보아 신제도주의적 접근을 취한다고 볼 수 있다.

최근의 비교복지국가 연구에 따르면, 어떤 사회의 구성원들이 갖는 가치, 태도, 신념 또는 그 사회의 오래된 관습이나 전통 등은 정부의 역할 및 범위, 재분배정책, 예산 선호 등에 상당한 영향을 미치는 것으로 드러났다. 이와 같은 정치문화적 변수는, 이를 반영하는 대중의 정책적 선호가 선거를 통해 표출되어 의회 내 정당 간 세력 판도와 집권 연합, 즉 권력자원 분포에 영향을 주며, 상대적으로 안정적인 형태를 유지하여 이에 부합하는 제도에 바탕을 둔 경로의존적인 복지체제를 창출한다는 것이다(홍경준 1999; 박병현 2005a, 2005b; 주재현 2004; Widavsky 1985; Brooks and Manza 2006, 2007). 따라서 미국 복지체제의 저발전은 미국인 특유의 가치·신념 체계와 대중의 선호를 반영한 것으로도 볼 수 있다.

미국인들이 광범위하게 공유하고 있는 합의된 가치와 신념 체계, 즉 미국 특유의 정치문화를 요약하는 개념으로 '미국적 신조(American creed)', '미국적 합의(American consensus)', '미국의 기풍(American ethos)', '핵심 신념과 가치(core beliefs and values)' 등이 제시되어 왔는데, 이들 개념에 공통적인 이념으로 자유주의적 개인주의를 들 수 있다(윤광일·장승진 2013). 즉 개인의 생활 영역에 대한 국가의 개입을 최소화하는 제한정부론을 핵심으로 하는 자유주의 전통은 개인 책임, 노동윤리, 자조, 독립성 등의 가치를 강조하는 개인주의적 전통과 결합하여 건국 당시부터 미국인의 핵심적인 정치 이념을 형성하고 있다. 이러한 관점에서 공공부문이 복지를 위한 재화나 서비스를 제공하는 것은 개인의 근로 의욕을 꺾고 시장경제의 자율성과 효율성을 떨어뜨리는 일이 된다(이소영·이옥연 2013; Markus 2001). 정치문화적 설명에 따르면, 정책 결정자들, 특히 선거에 명운이 달린 정치인들이 이와 같은 자유주의적 개인주의의 핵심가치와 이를 반영한 대중 선호를 외면할 수 없으므로 미국의 복지지출은 낮은 수준에서 유지될 수밖에 없다(박병현 2005a, 2005b; Brooks and Manza 2006, 2007).

경험적 연구에 따르면, 미국인들은 자신의 사회경제적 배경과는 별개로 이와 같은 자유주의적 개인주의 가치에 동의하고 있다. 예컨대, 가난하건 부유하건 상관없이 대부분의 미국인은 운보다 근면의 노동윤리가 개인의 성취를 좌우한다고 믿고 있으며, 정부가 일정한 소득을 보장해 주어야 한다는 구체적 주장은 물론 복지라는 일반적 용어에 대해서도 거부감을 표출한다. 또한, 최하위 소득계층을 제외하고는 정부에 의한 소득불평등 개선에도 대체로 동의하지 않고 있다. OECD 국가를 대상으로 한 여론조사 결과를 보더라도 미국은 다른 나라에 비해 개인주의적 가치에 동의하는 비율이 상당히 높게 나타나고 있다(윤광일·장승진 2013; Gilens 1999; Alesina and Glaeser 2004; Brooks and Manza 2007). 또한, 최근의 경험적 연구에 따르면 불평등 정도가 악화된 상황에서도 재분배정책을 반대하는 보수주의적 이데올로기에 동의하는 미국인의 비율이 소득수준과 상관없이 증가하고 있는 것으로 드러났다(Luttig 2013; Kelly and Enns 2010). 한편, 미국 백인의 흑인에 대한 인종적 편견이 이들로 하여금 빈곤층 비율이 높은 흑인이 주된 수혜층인 자산조사에 기초한 공공부조에 대한 부정적인 견해를 갖게 했고, 결과적으로 이들 프로그램이 인종적으로 비교적 동질적인 유럽국가에 비해 낙후되었다는 최근의 연구도 주목할 만하다(Gilens 1999; Alesina and Glaeser 2004; Glaeser 2005).

요컨대, 미국의 복지체제의 저발전은 사회주의 정당 및 노조세력의 부재(권력자원이론), 사회정책 발전을 저해하는 헌법구조의 지속(신제도주의), 복지국가에 부합하지 않는 자유주의적 개인주의 정치이념과 대중 선호(정치문화론) 등으로 설명할 수 있다.

5. 결론: 한국 복지체제에 주는 시사점

미국 복지체제에 대한 분석이 기로에 서 있는 한국 복지체제에 주는 시사점은 무엇인가? 이를 복지체제의 경로의존성, 복지체제에 대한 정치문화와 대중 선호의 영향, 다문화사회에 대한 '인종화된 복지(racialized welfare)' 문제의 함의 등을 중심으로 살펴보면 다음과 같다.

우선, 한국은 거부권을 행사할 수 있는 대통령제 국가로서 미국과 유사하게 소수가 복지법안을 막을 수 있는 제도적 장치가 존재한다. 또한, 정책 결정에 있어 국민투표의 역할이 존재하지 않아 미국과 마찬가지로 더 강력한 복지법안 억제 장치는 갖춰져 있지 않다. 그러나 미국과 달리 한국은 단방제와 단원제 의회 그리고 비례대표제가 혼합된 소선거구제를 갖추고 있어서 미국보다는 복지법안 입법이 상대적으로 용이한 헌법구조라고 할 수 있다. 특히 미국과 유럽의 재분배정책의 차이가 상당 부분 비례대표제의 여부로 설명할 수 있는 것(Alesina and Glaeser 2004)을 고려한다면, 비록 비중이 높지는 않지만, 비례대표제가 한국에서 복지정책 입안을 증가시키는 요인으로 생각해 볼 수 있다. 이와 같은 제도적 요인과 함께 1인2표제가 도입되어 비례대표제가 강화된 17대 국회의원 선거에서 진보정당인 민주노동당이 헌정사상 최초로 비례대표 8석을 포함 10석을 획득한 이후, 비록 소수 의석이지만 복지국가 친화적인 진보정당이 계속 국회에 진출한 것도 최소수준의 복지지출을 특징으로 하는 영미형 복지국가로부터 이탈하게 할 '경로의존'적 압력으로 작용할 수 있다.[23]

둘째, 미국과 비슷한 수준에서 적게 내지만 더욱 적게 받는 한국

---

23 2008년 18대 국회의원 선거에서 민주노동당이 5석(비례 3석)을 획득했고, 2012년 19대 국회의원 선거에서 통합진보당이 13석(비례 6석)을 획득했다.

의 복지체제는 국가-시장-공동체라는 복지 제공 주체 중에서 국가와 시장의 역할이 상대적으로 약하고 공동체의 역할이 상대적으로 큰 '유교주의 복지국가' 체제로 볼 수 있다(홍경준 1999; 박병현 2005a). 유교문화의 특징으로는 근면, 책임성, 가족이나 지역사회 또는 회사 내에서의 상부상조 정신이다. 이러한 문화에서는 어떤 개인에게 위기상황이 발생했을 때 국가가 개입하기보다는 그 개인의 가족이나 친족, 지역사회에서 도와줌으로써 그 위기상황을 해결한다. 또한, 유교의 효사상은 노인 문제를 사회 문제로 인식하기 어렵게 한다. 즉, 유교문화는 시장과 국가를 대신하여 가족이나 공동체를 복지 욕구 충족의 핵심 주체로 만든 것이다. 따라서 한국이 비슷한 경제수준의 나라보다 사회복지 발달 정도가 낮은 이유는 유교문화의 영향에서 찾을 수 있다(박병현 2005a). 복지보다는 성장, 보편적 복지보다는 선별 복지에 대한 선호가 상대적으로 높은 것도 이와 같은 유교문화의 반영이라 볼 수 있다(조선일보, 2013. 8. 26, A4면; 한겨레신문, 2011. 1. 25, 1면). 이와 같은 유교문화와 대중 선호는 정책결정자와 정치인들로 하여금 국가에 의한 급격한 복지확충보다는 점진적인 증대를 선호하게 하고 잔여주의적 관점을 취하게 할 가능성이 크다.

셋째, 한국은 2013년 6월 현재 체류 외국인이 전체 인구의 3%에 달하는 150만 명을 넘었을 정도로 다문화사회로 진입하고 있다. 특히 한국 거주 외국인의 약 40%는 한국인들이 꺼리는 미숙련 노동에 종사하고 있으며, 6%는 대부분 여성이 중국이나 동남아시아에서 온 결혼이주자로서(법무부 출입국·외국인정책본부 2013), 이들 중 상당수는 국가의 도움이 필요한 잠재적 또는 현실적 복지수요자로 볼 수 있다.

미국에서 AFDC/TANF, 메디케이드, SNAP 같은 자산조사 공공부조 프로그램이 일반적으로 사회보장과 메디케어 같은 사회보험보다 확충이 더디고 쉽게 개혁대상으로 거론되는 이유가 수혜자 대부분이 교육수준이 낮고 빈곤층이며 소수인종이라 조직적 지지 혹은 저항이 어렵기 때문이라는 사실을 고려한다면, 인종적·민족적으로 동질적이지 않은 다문화사회로의 진입은 늘어 가는 수요에도 불구하고 공공부조 프로그램 확충을 어렵게 하는 요인으로 작용할 것으로 보인다.

〈표 4-3〉 미국의 사회지출 세부 현황(1980–2009)

구분		1980	1985	1990	1995	2000	2007	2008	2009
공공사회 지출	노령	5.2	5.3	5.2	5.4	5.1	5.3	5.5	6.1
	유족	1	1	0.9	1	0.8	0.7	0.7	0.8
	장애 관련	1.1	1	1	1.2	1.1	1.3	1.4	1.5
	건강	3.8	4.2	4.9	6.2	6	7.4	7.7	8.3
	가족	0.8	0.6	0.5	0.6	0.7	0.7	0.7	0.7
	적극적 노동시장 프로그램	-	0.3	0.2	0.2	0.2	0.1	0.2	0.2
	실업	0.7	0.4	0.4	0.3	0.2	0.3	0.3	0.9
	기타 사회정책 분야	0.5	0.4	0.4	0.6	0.5	0.5	0.6	0.7
	소계	13.2	13.2	13.6	15.5	14.5	16.3	17	19.2
민간법정 사회지출	장애 관련	0.3	0.3	0.3	0.3	0.2	0.2	0.2	0.2
	건강	0.1	0.1	0.2	0.2	0.2	0.1	0.2	0.2
	소계	0.4	0.4	0.5	0.5	0.4	0.3	0.3	0.3
민간임의 사회지출	노령	1.3	2.5	2.7	3.1	3.8	4.4	4.2	3.9
	폐질 관련	0.3	0.2	0.2	0.2	0.2	0.3	0.3	0.4
	건강	2.5	3.2	4.1	4.5	4.7	5.6	5.7	5.9
	기타 사회정책 분야	0.1	0	0	0	0	0	0	0
	소계	4.2	5.9	7.1	7.9	8.7	10.3	10.3	10.2

출처: OECD(2013b).

주: 수치는 대 GDP 비율(%).

〈표 4-4〉 한국의 사회지출 세부 현황(1990-2009)

구분		1990	1995	2000	2007	2008	2009
공공사회 지출	노령	0.6	1.1	1.3	1.6	1.9	2.1
	유가족	0.2	0.2	0.2	0.3	0.3	0.3
	장애 관련	0.3	0.4	0.4	0.6	0.6	0.6
	건강	1.5	1.4	2.2	3.5	3.6	4
	가족	0	0.1	0.1	0.5	0.7	0.8
	적극적 노동시장 프로그램	0	0	0.4	0.1	0.3	0.6
	실업	-	-	0.1	0.3	0.3	0.4
	기타 사회정책 분야	0.2	0.1	0.3	0.8	0.7	0.8
	소계	2.8	3.2	4.8	7.7	8.4	9.6
민간법정 사회지출	노령	0.2	0.2	0.6	0.4	0.5	0.7
	유가족	-	0	0	0	0	0
	장애 관련	0.1	0.1	0.1	0.1	0.1	0.1
	건강	0	0.1	0.2	0.1	0.1	0.1
	가족	-	0	0	0	0	0
	기타 사회정책 분야	-	0	0	0	0	0
	소계	0.3	0.4	0.9	0.7	0.7	0.9
민간임의 사회지출	장애 관련	-	0	-	0	0	0
	건강	0	0	0	0.1	0.1	0.1
	기타 사회정책 분야	0	1.8	1.8	1.8	1.5	1.4
	소계	0.1	1.9	1.9	1.8	1.5	1.5

출처: OECD(2013b).

주: 수치는 대 GDP 비율(%).

참고문헌

김양미. 2012.「미국사회복지정책의 경과와 특징」.『민족연구』51: 125-151.

남상호·최병호. 2011.「국민부담과 공공사회지출의 적정수준: 복지국가유형별 접근」.『재정정책논집』13(1): 3-49.

박병현. 2005a.『복지국가의 비교: 영국, 미국, 스웨덴, 독일의 사회복지 역사와 변천』. 고양: 공동체.

박병현. 2005b.「복지국가 발달의 문화적 분석」.『한국사회복지학』57(3): 277-304.

법무부 출입국·외국인정책본부. 2013.『출입국·외국인정책 통계연보 2012년』.

안상훈. 2010.『현대 한국복지국가의 제도적 전환』. 서울: 서울대학교출판문화원.

안재흥. 2013.『복지 자본주의 정치경제의 형성과 재편』. 서울: 후마니타스.

윤광일·장승진. 2013.「정치문화」. 미국정치연구회 편.『미국정부와 정치 2』. 서울: 오름.

이소영. 2013.「의료보험개혁 이슈와 미국사회의 균열」. 미국정치연구회 편.『어게인 오바마: 2012 미국대선과 오바마의 재선』. 서울: 오름.

이소영·이옥연. 2013.「공공정책」. 미국정치연구회 편.『미국정부와 정치 2』. 서울: 오름.

조흥식·권기창·이태수·박경수·이영표·엄규숙·박기훈. 2008.『사회복지학개론』. 서울: 창지사.

주재현. 2004.「사회복지와 문화: 복지국가 유형론에 대한 문화이론적 해석」.『한국정책학회보』13(3): 279-296.

홍경준. 1999.「복지국가의 유형에 관한 질적 비교분석: 개입주의, 자유주의 그리고 유교주의 복지국가」.『한국사회복지학』38: 309-335.

Alesina, Alberto, and Edward L. Glaeser. 2004. *Fighting Poverty in the US and Europe: A World of Difference*. Oxford: Oxford University Press.

Brooks, Clem, and Jeff Manza. 2006. "Social Policy Responsiveness in Developed Democracies." *American Sociological Review* 71(3): 474-494.

Brooks, Clem, and Jeff Manza. 2007. *Why Welfare States Persist: The Importance of Public Opinion in Democracies*. Chicago: University of Chicago Press.

CBO(Congressional Budget Office). 2005. *Changes in Participation in Means-Tested Programs*.

CBO(Congressional Budget Office). 2013a. *The 2013 Long-term Budget Outlook*.

CBO(Congressional Budget Office). 2013b. *Growth in Means-Tested Programs and Tax Credits for Low-Income Households*.

CBPP(Center on Budget and Policy Priorities). 2012. *An Introduction to TANF*.

Department of Health and Human Services. 2013. Characteristics and Financial Circumstances of TANF Recipients, Fiscal Year 2011. http://www.acf.hhs.gov/programs/ofa/resource/characteristics-financial-circumstances-appendix-fy 2011 (검색일: 2013. 11. 25).

Esping-Andersen, Gøsta. 1990. *The Three Worlds of Welfare Capitalism*. Princeton: Princeton University Press.

Gilens, Martin. 1999. *Why Americans Hate Welfare: Race, Media, and the Politics of Antipoverty Policy*. Chicago: University of Chicago Press.

Glaeser, Edward L. 2005. "The Political Economy of Hatred." *The Quarterly Journal of Economics* 120(1): 45-86.

Hall, Peter A., and Rosemary C. R. Taylor. 1996. "Political Science and the Three New Institutionalisms." *Political Studies* 44(5): 936-957.

Huber, Evelyne, Charles Ragin, and John D. Stephens. 1993. "Social Democracy, Christian Democracy, Constitutional Structure, and the Welfare State." *American Journal of Sociology* 99(3): 711-749.

Huber, Evelyne, and John D. Stephens. 2001. *Development and Crisis of the Welfare State*. Chicago: University of Chicago Press.

Kelly, Nathan J., and Peter K. Enns. 2010. "Inequality and the Dynamics of Public Opinion: The Self-Reinforcing Link Between Economic Inequality and Mass Preferences." *American Journal of Political Science* 54(4): 855-870.

Kollman, Ken. 2012. *The American Political System*. New York: W.W. Norton & Co.

Lipset, Seymour Martin. 1996. *American Exceptionalism: A Double-Edged Sword*. New York: W.W. Norton.

Luttig, Matthew. 2013. "The Structure of Inequality and Americans' Attitudes Toward Redistribution." *Public Opinion Quarterly* 77(3): 811-821.

Markus, Gregory B. 2001. "American Individualism Reconsidered." In *Citizens and Politics: Perspectives from Political Psychology*, edited by J. H. Kuklinski. Cambridge: Cambridge University Press.

Medicaid-Keeping America Healthy/Financing&Reimbursement. http://www.

medicaid.gov/Medicaid-CHIP-Program-Information/By-Topics/Financing-and-Reim bursement/Financing-and-Reimbursement.html(검색일: 2013. 11. 25).

NASBO(National Association of State Budget Officers). 2012. *State Expenditure Report*.

Social Security Administration. 2012. "Supplementary Security Income."

Social Security Administration. 2013. "Medicare."

Wildavsky, Aaron. 1985. "A Cultural Theory of Expenditure Growth and (Un)balanced Budgets." *Journal of Public Economics* 28(3): 349-357.

Data

OECD. 2013a. Factbook Database.

OECD. 2013b. SOCX 1980-2009-201. http://www.oecd.org/social/soc/social-expendituredatabasesocx.htm.

U.S. Census Bureau. 2011. *Statistical Abstract of the United States: 2012*. 131st ed. Washington, D.C.

Law

U.S. Code Title 42 The Public Health and Welfare Chapter 7 Social Security.

5장

국가정체성과 이민에 대한 태도: 한미 비교 분석을 중심으로

정회옥

1. 서론

인류의 역사가 시작됨과 동시에 이루어진 인간의 이주는 지구화의 확대와 세계화의 진전으로 인해 이전과 다른 규모의 인간 이주를 발생시켰다. 최근 들어 세계 여러 나라에서 이주는 국가의 안정과 발전에 영향을 끼치는 중요한 요인으로 부상하고 있으며 한국도 예외는 아니다. 국제이주의 물결은 한국사회의 인적 구성에 급격한 변화를 초래하였는데, 1990년 이후 이주노동자, 결혼 이주 여성, 다문화가정 자녀 등이 꾸준히 늘어남에 따라 인종적·민족적·문화적 다양성이 크게 증가하였다. 2013년 국내 체류 외국인은 약 140만 명으로 우리나라 총인구의 약 3%를 차지하고 있으며, 이 가운데 한국 국적을 취득하지 않은 이주노동자, 결혼이주자, 유학생 등의 비율은 80.8%에 이르는 것으로 나타났다(법무부 2013). 이러한 수치는 한국사회가 단일민족이라는 동질성이 서서히 약화되는 동시에 다양성이 가시화되고 있음을 보여 준다. 즉, 미래의 한국사회는 다양한 국가 출신의 이주민들이 공존하는 다문화사회가 될 것이라는 것이 많은 사람들의 예측이다(서운석 2011).

이 연구는 한국의 이민 문제에 대한 보다 심도 깊은 이해를 위해 긴 이민 역사와 함께 다문화주의 모델의 전형이라고 평가되는 미국과 비교 분석을 실시하고자 한다. 한미 비교라는 분석방법을 사용한 것은 이민 문제에 있어 한국과 미국 사회는 여러 가지 측면에서 흥미로운 유사점과 차이점을 갖고 있기 때문이다. 미국은 국가의 역사가 이민으로 시작된 이민 국가인 반면 한국은 순혈주의를 강조하는 단일민족 국가이다. 출발점은 다르나 현재 양국은 모두 이민 문제가 큰 사회 문제로 대두되고 있는 변화를 겪고 있다는 공통점을 갖고 있다.

미국은 다문화사회 논의에서 현재 대표적 모델 국가의 하나로 여겨지고 있고 한국과는 전혀 다른 역사적·문화적 배경을 갖고 있다.[1] 미국은 영국 청교도의 이민으로부터 국가가 시작되어 현재 가장 많은 이민자를 받아들이고 있는 세계 최대의 이민유입국이다. 이민자는 총 4,040만 명 정도로 미국 전체 인구의 13%를 차지하고 있다. 미국으로 유입되는 이민자 수는 지난 수십 년간 지속적으로 증가세를 보였으며, 2007년 한 해에만 이민자 수가 240만 명 증가한 바 있다. 이민자 수의 증가라는 인구학적 변화는 미국사회의 거의 모든 부분에 큰 영향을 미치고 있다. 이민자 중 대다수를 차지하는 히스패닉(hispanic) 인구의 유입은 전통적으로 제1의 소수집단(minority group)이었던 흑인을 제2의 소수집단으로 밀어내게 되었고, 히스패닉의 높은 출산율과 미국으로의 지속적인 유입으로 2050년경 히스패닉이 백인을 제치고 최대집단(majority group)이 되는 인구혁명이 예상되고 있다. 또한 미국은 불법 이민자 수가 천만 명을 넘어섬에 따라 이민 문제를

---

1 이 문단에서 논의된 다문화사회와 관련한 미국의 현황은 윤종빈·정회옥(2013)을 바탕으로 재구성하였다.

둘러싸고 연방정부와 주정부 간의 갈등뿐만 아니라 공화당과 민주당 간의 갈등도 심화되고 있는 실정이다. '용광로(melting pot) 사회'를 지양하고 '샐러드 볼(salad bowl) 사회'를 향해 나아가고자 했던 미국은 최근 불법 이민자 수의 급증과 미국의 경기 악화로 인해 포괄적인 이민개혁에 거듭 실패하고 있다.

한편 순혈주의와 단일민족으로서의 자부심을 강조하던 한국은 외국인 노동자의 유입과 결혼 이주 여성의 증가로 다문화사회로의 급격한 변화를 겪고 있다. 이러한 변화 속에서 한국정부가 내세운 다문화정책은 실제로 다문화주의 정책이 아니며, 다문화주의에 대한 명확한 개념 정의조차 이루어지지 않고, 다문화주의의 역사적·제도적 배경에 대한 이해 없이 무조건적으로 다문화주의라는 개념을 도입했다는 지적도 제기되고 있다(서운석 2011). 서운석(2011)에 따르면, 현재 한국에서 외국인 노동자 정책은 고용허가제를 중심으로 실시되고 있는데, 이 제도에 따르면 외국인 노동자는 내국인 노동자와 동등한 대우를 받지 않고 최저임금 등 매우 한정된 부분에서만 권리가 인정되며 외국인 노동자의 자유로운 구직활동도 금지되어 있다. 즉, 외국인 노동자에 대한 한국사회의 시각은 국내산업의 일시적인 노동력 부족을 해소하기 위한 단기적 처방에만 머무르고 있을 뿐 이들의 한국사회 정주화를 위한 노력을 보이지 않고 있기 때문에 이들에게 사회통합의 기제인 다문화주의는 적용되지 않는다(서운석 2011). 한편 국제결혼으로 이주한 외국 여성들은 한국사회에 통합되어야 할 대상으로 간주되며 이들에 대한 지원정책은 다문화주의라는 이름으로 실시되고 있다(김현미 2005).

흥미로운 점은 '다문화가정'이라고 불리는 결혼 이주자와 그 가족 집단 중에서도 우리나라는 국제결혼을 한 여성 이주자에만 국한되는 제한적인 이주자정책을 실시하고 있다는 점이다. 국제결혼을 한 이주 남성의 경우 법적으로는 준국민임에도 불구하고 명목적으로 다문화주의의 대상이 아니다(서운석 2011). 한국의 가부장제는 이주 여성을 남편에게 종속된 존재로 파악하기 때문에 결혼 이주 여성은 상대적으로 적극적으로 받아들이지만 또 다른 가부장인 이주 남성은 적극적으로 받아들이지 않는 것이다(김현미 2005). 성차별적인 관점이 녹아들어 있는 한국의 이주자정책의 이러한 측면은 미국의 이민정책에 명확하게 성차별적인 요소를 찾기가 상대적으로 쉽지 않다는 점에서 미국과 대조된다. 요컨대, 미국과 한국은 이민자로 이루어진 국가와 단일민족 국가라는 대조되는 전통의 뿌리를 갖고 있으나 양국 모두 21세기에 들어와서 이민자 수의 급증이라는 사회 변화 과정을 거쳐 새로운 형태의 이민 국가로 변모를 꾀하고 있다는 공통적인 상황에 직면해 있다.

본 연구는 양국의 정치과정에서 이민 이슈가 갖고 있는 중요성을 검토하고, 양국의 국민이 이민자와 정부의 이민정책에 대해서 어떠한 견해를 갖고 있는지 그리고 이민 문제에 대한 태도 형성에 어떠한 요인이 영향력을 행사하는지에 대해 여론조사 자료를 활용하여 비교 분석을 실시하고자 한다. 이를 통해 한미 양국이 다문화사회로의 슬기로운 전환과 안정적인 정착을 위해 어떠한 해법이 필요한지를 모색해 보고자 한다.

덧붙여 본 연구는 이민 문제에 대한 한미 비교 분석을 통해 양국 사회에 대한 이해를 증진시키고 향후 한국사회의 발전 방향성에 대한 시사점을 얻고자 하는 목적도 갖고 있다. 미국정치를 통해 한국정치를 검토하고 한국정치를 통해 미국정치를 고찰함으로써 선행 연구에 비교정치적인 시각을 더해 한국정치와 미국정치에 대한 새로운 이해를 창출해 낼 수 있다. 또한 한미 양국의 정치에 대한 비교 분석을 통해 향후 한국사회의 발전 방향성에 대한 시사점을 얻고자 한다. 역사적으로 한국정치는 미국정치의 영향을 많이 받아 왔으므로 미국정치가 겪고 있는 경험은 한국이 다문화사회로 성공적인 전환을 위한 반면교사로 적극 활용될 수 있다. 미국인들은 이민 문제에 대해 어떠한 견해를 갖고 있는지를 살펴보고, 그 견해가 형성되는 과정에 어떠한 요인이 작용하는지에 대한 검토를 통해 한국적 상황에 대한 함의를 도출함으로써 한국이 다문화사회로 성공적으로 안착하는 데 필요한 실질적인 해법을 찾을 수 있을 것이다.

2. 이론적 논의와 분석틀[2]

한국사회는 전통적으로 '국민'과 '민족'을 동일시하는 사회적 통념을 가지고 있었으나 최근 이민자 수의 증가로 이러한 사회적 통념에 변화가 불가피하게 되었다(장미혜 외 2008). 왜냐하면 이민 문제는 사회 내 어떠한 문제보다도 '국가' 및 '민족'의 개념과 밀접한 관련을 갖고 있기 때문이다. 이주자에 대한 태도는 우리나라에 낯선 사람을 허용할 것인가 아닌가 하는 근본적인 문제로부터 출발하는 것으로, 이민 정치는 필수적으로 국가에 대한 개인의 태도와 궤를 같이할 수밖에 없음을 뜻한다. 따라서 이러한 문제의식에 기반을 두고 한미 양국 국민의 이민에 대한 태도와 국민정체성에 대한 인식의 관련성에 초점을 맞추고자 한다. 국민정체성은 한 국가의 구성원들이 '국민됨(nationhood)'에 대하여 생각하고 이야기하는 방식 또는 스스로를 규정하는 자기인식이라 정의된다(Brubaker 1992; 윤인진·송영호 2011). 즉,

---

2 이 장에서 논의된 정체성과 상징정치이론에 대한 일반적인 논의는 졸저(Jeong 2013)를 인용·수정한 것임을 밝혀 둔다.

국민정체성은 특정 국가 또는 국민과 연관하여 자신이 국가에 대한 소속감을 공유하면서 다른 사람과 관계를 형성하고 있다는 신념과 감정을 의미한다(Hjerm 2005; 윤인진·송영호 2011). 국민정체성 인식은 사회정체성(social identity)[3]의 한 형태로서, 국가 구성원을 국민과 그렇지 않은 사람으로 구분하여 자신이 속한 집단(in-group)인 국민과 자신을 동일시하는 포섭의 태도를 보이고 타자(out-group)인 이주자에게는 거리를 두는 배제의 태도를 보이는 메커니즘으로 작용한다(Hjerm 1998). 즉, 인종, 성별, 출신민족, 계급을 바탕으로 일정한 경계선을 그어 자국민인 '우리'와 이주자인 '그들'로 분리하여 한 나라의 국민됨의 범위를 규정하는 데 국민정체성 인식이 핵심적인 역할을 하는 것이다(윤인진·송영호 2011).

국민정체성 인식이 이민에 대한 태도에 영향을 미친다는 본 연구의 주장은 상징정치이론(symbolic politics theory)을 토대로 한다. 상징정치이론은 특정 이슈에 대한 견해를 형성하는 데 있어 가치관이나 정체성 같은 추상적 신념의 영향력이 중요하다고 주장한다. 사회정체성 이론(social identity theory)에 바탕을 두고 있는 이 이론은 이민에 대한 개인의 태도를 결정하는 데에 개인이 가진 정체성의 역할을 강조한다. 개인은 자신이 속하지 않은 다른 집단과의 비교를 통해 자신이 속한 집단을 보다 긍정적으로 평가하고자 하는 욕구가 있는 반면에, 자신이 속하지 않은 집단은 실제보다 더욱 부정적으로 평가하는 경향이 있다는 것이다. 즉, 개인은 자신이 속해 있다고 믿는 집단의 특정한 정치적 상징물에 대해 장기간에 걸쳐 쉽게 변하지 않는 호의적

3 사회정체성(social identity)이란 사람들이 자신이나 상대방을 파악할 때 각기 개별적이고 독특한 개체가 아니라 특정한 사회적 집단에 소속된 하나의 구성원으로 파악하면서 사회적으로 규정된 집단적인 가치나 문화적 가치에 견주어 그 대상자의 사회적 역할을 정형화시켜 나가는 것을 의미한다(최샛별 외 2003).

반응을 습득하게 되며, 이러한 호의적 반응의 반복적 경험을 통해 특정 성향을 습득하게 되고, 이 성향이 개인의 정치태도와 행태에 영향을 준다고 설명한다. 국가정체성에 대한 인식은 장기간에 걸쳐서 형성되는 정치정향의 한 형태로서 개인의 정치태도와 행태에 영향을 끼치게 된다. 본 연구는 이민에 대한 개인들의 태도는 자신이 속한 국가에 대해 개인이 어떠한 태도를 갖고 있는지와 밀접한 연관이 있다고 본다. 왜냐하면 이민 문제는 기본적으로 '나의 나라'에 살고 있는 '다른 집단'에 관한 문제이기 때문이다.

그런데 국민정체성 인식은 단일한 형태가 아니다. 일반적으로 국민정체성은 종족적·혈통적 모델(ethnic-genealogical model)과 시민적·영토적 모델(civic-territorial model)로 구분된다(Smith 1991; Jones and Smith 2001). 종족적·혈통적 모델은 공동체의 기반이 되는 동일 조상의 후손으로 문화적 유산과 전통의 공유, 공동의 운명공동체로서의 집단기억을 공유하는 특징을 강조한다. 이 모델은 귀속적 속성이 강하고 민족의 구성에 있어 영토나 관습, 제도보다는 혈통을 중요시한다. 반면 시민적·영토적 모델은 국가의 구성원이 될 수 있는 자격으로 혈통보다는 영토와 정치적 공동체로서의 자격요건을 더욱 중요하게 간주한다. 시민적·영토적 모델은 귀속적이 아니라 선택적이고 자발적 속성이 강하여 국민으로서의 동동한 권리와 의무의 행사, 제도와 관습의 준수 등을 강조한다(Jones and Smith 2001; 최현 2007).

이와 같은 이분법적인 국민정체성 모델은 여러 나라에 폭넓게 존재하는 것으로 알려져 있다(Smith 1991; 윤인진·송영호 2011). 국가적·역사적 차원의 국민정체성과 개인적·심리적 차원의 국민정체성 인식은 유사하게 형성된다. 개인적 차원에서 국민정체성 인식은 누구를 국민으로 정의하고 누구를 받아들일 것인가의 문제로서, 개인들마다 서로 다른 국민정체성 인식 모델이 나타날 수 있다(Heath and Tilley

2005; 윤인진·송영호 2011). 즉, 어떤 개인은 누구를 국민으로 정의하는지에 있어 귀속적 요소를 중요시 여기는 종족적·혈통적 정체성을 강하게 갖고 있는 반면, 다른 사람은 영토와 정치적 공동체로서의 자격요건을 더욱 강조하는 시민적·영토적 정체성을 갖고 있을 수 있다. 따라서 본 연구는 한국인과 미국인의 국민정체성을 종족적 정체성과 시민적 정체성으로 구분하여 살펴보고자 한다.[4] 각 형태의 정체성과 이주자에 대한 태도의 관련성을 살펴보는 것은 이민 문제의 가장 근원적이고 원초적인 뿌리를 고찰하는 의미 있는 작업이라 할 수 있다.

3. 연구방법론

경험적 분석을 위해 사용된 주된 자료는 세계가치조사(World Values Survey)이다. 한국과 미국을 비교 분석하기 위해서는 한국인들과 미국인들에게 똑같은 내용의 설문을 실시한 자료가 필요하다. 세계가치조사는 각국의 언어로 번역되어 동일한 내용으로 조사되는 설문지를 토대로 하고 있기 때문에 비교연구를 위한 신뢰할 만한 자료를 제공해 주고 있다.[5] 세계가치조사는 1981년부터 2008년까지 5기에 걸쳐

---

4 몇몇 학자들은 국민정체성을 종족적 요인과 시민적 요인으로 구분하는 것의 경계가 모호하다고 비판한다(Herring et al. 1999; Shulman 2002; Oliver and Wong 2003). 그러나 경험적 분석 부분에서 제시될 요인 분석 결과에 따르면 한국인과 미국인의 국민정체성에 대한 인식은 종족적 정체성과 시민적 정체성의 두 차원으로 명확히 구분되는 것으로 나타났다. 따라서 본 연구가 기존의 연구를 바탕으로 미국인과 한국인의 정체성에 대한 인식을 종족적 정체성과 시민적 정체성으로 구분하는 것은 적합하다고 판단된다.

5 물론 동일한 설문이라도 각 나라에 따라 각기 다른 의미로 해석될 수 있는 가능성이 있다. 그러나 각 나라 간의 해석의 차이는 설문지 워딩(wording)이 조금이라도 다른 설문을 이용했을 때는 더욱 문제가 될 수 있으므로, 한미 양국에서 동일한 설문을 사용해 조사를 실시한 세계가치조사는 국가 간 비교 연구에 가장 적합한 자료 중의 하나라고 판단

87개 국가 및 지역에 대한 자료를 수집하였는데, 이 연구에서는 이민 문제에 관한 설문이 한미 양국에서 모두 실시된 가장 최근의 조사인 2005-2007년 자료를 사용하였다. 이 조사는 1,200명의 한국인과 1,249명의 미국인을 대상으로 실시되었다.

이민에 대한 태도는 네 가지 측면에서 살펴보았다.[6] 첫째는 외국인 노동자/이민자에 대한 수용태도로, 외국인 노동자/이민자를 이웃으로 받아들일 수 있는지 여부를 묻는 설문을 통해 측정했다. 응답은 '수용'과 '비수용'으로 구분되어 있어 '비수용'의 경우는 0으로, '수용'의 경우 1로 코딩하였다. 둘째는 외국인 노동자 관련 정부정책에 대한 태도이다. '외국인 노동자의 이주를 원천적으로 봉쇄해야 한다'는 응답을 1로, '원하는 외국인 노동자 누구에게나 이주를 허용해야 한다'는 응답을 4로 코딩하였다. 셋째는 이민자 고용 우선권에 대한 것으로, '구직난의 상황에서 본국 사람들보다 이민자에게 고용 우선권을 주어야 한다'라는 항목에 대한 동의 정도를 묻는 설문을 통해 측정했다. '동의하지 않는다'를 1로, '동의도 반대도 하지 않는다'를 2로, '동의한다'를 3으로 코딩하였다. 마지막 종속변인은 다문화 지향적인 태도로서 인종적 다양성에 대한 견해를 묻는 질문을 사용하였다. 이 질문은 10점 리커트형 척도로 구성되어 있어 '인종적 다양성은 우리나라의 화합을 방해한다'는 응답을 1로, '인종적 다양성 삶을 풍족하게 한다'를 10으로 코딩하였다.

국민정체성 인식은 우리나라 국민으로 인정받기 위해 갖추어야 할 자격요건을 얼마나 중요하게 생각하는지를 묻는 설문을 이용하여

된다.

6 이 외에 세계가치조사는 이민 및 다문화와 관련한 어떠한 질문항도 포함하고 있지 않아서 이민에 대한 태도의 보다 다양한 측면을 살펴보는 데에는 한계가 있었다.

〈표 5-1〉 국민정체성 인식의 요인 분석 결과

구분		요인 분석	
		1	2
종족적 정체성	혈통	.704	-.590
	출생	.786	-.460
시민적 정체성	관습	.708	.546
	법 존중	.529	.738
고유값		1.893	1.403
분산설명력		47.336	35.084
내적 일관도(Cronbach's Alpha)		.801	.740

측정하였다. 종족적 정체성에 해당하는 문항은 '우리나라에서 출생했는지'와 '우리나라 혈통인지(조상이 우리나라 사람인지)'의 두 가지이며, 시민적 정체성은 '우리나라 관습을 아는지'와 '우리나라 법을 존중하는지'의 두 문항으로 구성하였다.[7] 각각의 문항은 3점 척도로 구성되어 '전혀 중요하지 않음'을 1로, '다소 중요함'을 2로, '매우 중요함'을 3으로 코딩하였다.

〈표 5-1〉의 요인 분석 결과를 살펴보면 한미 양국 국민의 정체성 인식은 종족적 정체성과 시민적 정체성의 두 차원으로 명확히 구분되는 것을 알 수 있다. 종족적 정체성과 시민적 정체성의 두 요인이 산출되었으며 전체 설명변량은 82.420%로 나타났다. 각 요인에 해당하는 항목의 신뢰도(Cronbach's Alpha)는 시민적 정체성이 .740, 종족적 정체성은 .801로 비교적 높은 수준이었다. 따라서 각 정체성에 해당하는 두 문항에 대한 응답을 단순 합산하여 분석에 사용하였다.

7 이들 네 문항 외에 우리나라 국민으로서의 인정받기 위한 자격요건을 묻는 다른 문항은 존재하지 않았다.

4. 한국인과 미국인의 국가정체성과 이민에 대한 태도 비교

국가정체성이 이민에 대한 태도에 미치는 영향을 알아보기에 앞서 국가정체성 및 이민에 대한 한국인과 미국인의 기본적인 인식을 살펴보았다. 〈표 5-2〉에 한국인과 미국인의 국가정체성 인식에 관한 비교 결과가 제시되어 있다. 한국인의 경우 종족적 정체성 인식의 평균값은 3.56, 시민적 정체성은 4.43으로 나타났다. 한편 미국인의 경우 종족적 정체성 인식의 평균값은 3.26, 시민적 정체성은 5.37이었다. 한국인은 미국인보다 종족적 정체성 인식의 평균값이 높은 반면, 미국인은 한국인에 비해 높은 시민적 정체성 인식을 갖고 있었다. 즉, 한국인의 경우 한국 국민으로 인정받기 위한 자격요건으로 같은 혈통과 조상을 갖고 있느냐 하는 귀속적 특성을 보다 중요시하는 것으로 나타났으며, 미국인의 경우 귀속적 특성보다는 선택적이고 자발적 속성을 더욱 강조하며 국민으로서의 동동한 권리와 의무의 행사, 제도와 관습의 준수 등을 중요한 자격요건으로 간주하였다. 이러한 결과는 단일민족 집단이라는 자부심과 순혈주의를 중요시 여기는 한국인의 전통적인 가치와 신념이 표현된 것으로 해석된다. 미국은 다

〈표 5-2〉 국가정체성 인식 비교

구분	한국인 평균 (표준편차)	미국인 평균 (표준편차)
종족적 정체성	3.56 (1.40)	3.26 (1.42)
시민적 정체성	4.43 (1.10)	5.37 (.92)
총합	1,198	1,176

주: 소수 셋째 자리에서 반올림함.

〈표 5-3〉 외국인 노동자/이민자 수용태도 비교

구분	한국	미국
비수용	37.7% (447명)	13.7% (170명)
수용	62.3% (738명)	86.3% (1,070명)
총합	100% (1,185명)	100% (1,240명)

민족 집단으로 사회가 구성되었으며 오랜 기간 이민자들이 유입된 역사적 전통을 갖고 있는 나라이기 때문에 국민들의 인식에 종족적 정체성보다 시민적 요소가 더 강하게 발현되는 것으로 보인다.

다음으로 한국인과 미국인의 이민에 대한 태도를 기술분석(descriptive analysis)을 통해서 살펴보았다. 이민에 대한 태도의 네 가지 측면 중 〈표 5-3〉은 외국인 노동자/이민자 수용태도에 대한 분석 결과를 제시한다.

외국인 노동자/이민자를 이웃으로 받아들일 수 있는지 여부에 대해 '수용할 수 있다'는 응답이 한국인의 경우 62.3%, 미국인의 경우 86.3%로 나타났다. 한국인과 비교했을 때 미국인이 외국인 노동자와 이민자를 이웃으로 받아들이는 것에 대해 더욱 관용적이면서 이들과 사회적 거리감이 작은 것으로 나타났다.

한국인과 미국인의 이민에 대한 태도를 정부의 외국인 노동자 정책이 앞으로 어떤 방향으로 나가야 하는지에 대한 견해를 묻는 설문을 통해 살펴보았다. 〈표 5-4〉에 따르면 한미 양국에서 공통적으로 가장 강경하고 가장 관용적인 응답('전면적 금지' 또는 '전면적 허용')을 한 사람들의 비중은 다른 응답보다 아주 낮았다. 대부분의 경우 직업이 있는 한 외국인 노동자의 이주를 허용해야 한다거나 엄격한 제한을 두는 정책을 선호하였다. 한국인의 경우 '직업이 있는 한 허용해

〈표 5-4〉 외국인 노동자 정책에 대한 태도 비교

구분	한국	미국
전면적 금지	4.3% (51명)	6.3% (77명)
엄격한 제한	33.9% (405명)	51.6% (628명)
직업이 있는 한 허용	58.3% (696명)	35.4% (421명)
전면적 허용	3.5% (42명)	6.6% (80명)
총합	100% (1,194명)	100% (1,216명)

야 한다'는 다소 관용적인 입장을 취한 응답자가 58.3%였던 반면, 미국인의 경우 35.4%에 그쳤다. 다소 배타적인 태도인 '엄격한 제한을 두어야 한다'는 입장은 한국은 33.9%, 미국은 51.6%로 나타났다. 외국인 노동자 정책의 방향성에 대해서는 한국이 미국보다 다소 관용적인 태도를 보임을 알 수 있다.

다음으로 구직난의 상황에서 이민자에게 고용 우선권을 주는 문제에 대해 한국인과 미국인의 태도 차이를 살펴보았다(〈표 5-5〉 참조). 고용에 있어 이민자에게 우선권을 주는 것에 반대하는 한국인이 77.1%, 미국인은 57.8%였다. '우선권을 주는 것에 동의한다'는 한국인은 3.2%에 불과한 반면 미국인은 19.1%가 이에 동의했다. '반대도 동의도 하지 않는다'는 유보적인 입장을 보인 한국인은 19.7%였고 미국인 중에서 유보적인 입장을 취한 사람들은 23.1%로 나타났다. 요컨대, 미국인보다는 한국인이 경제상황이 어려울 때 고용에 있어 이민자에게 혜택을 주는 것에 반대하고 있음을 알 수 있다.

마지막으로 다문화 지향성을 살펴봄으로써 보다 일반적인 차원에서 이민에 대한 한미 간의 태도 차이를 검토해 보았다. 점수가 높

〈표 5-5〉 이민자 고용 우선권에 대한 태도 비교

구분	한국	미국
우선권 반대	77.1% (924명)	57.8% (715명)
반대도 동의도 하지 않음	19.7% (236명)	23.1% (286명)
우선권 동의	3.2% (38명)	19.1% (236명)
총합	100% (1,198명)	100% (1,237명)

〈표 5-6〉 다문화 지향성에 대한 비교

구분	한국인 평균 (표준편차)	미국인 평균 (표준편차)
다문화 지향성	6.04 (2.160)	6.34 (2.994)
총합	1,200	1,176

을수록 다문화 지향성이 큰 10점 리커트형 척도로 구성된 질문을 사용했으며 〈표 5-6〉에 한국인과 미국인의 다문화 지향성의 평균값이 제시되어 있다. 한국인 평균은 6.04, 미국인 평균은 6.34로 나타났다. 한국인과 미국인 모두 중간치인 5점을 넘어 인종적 다양성이 국가의 화합을 방해하기보다는 삶을 풍족하게 한다고 응답했다는 점에서 긍정적인 다문화 지향성을 보이고 있다고 평가된다. 두 나라의 평균 차이는 0.03에 그치지만 미국인이 한국인보다 다소 높은 다문화 지향성을 보였다.

본 절의 결과를 종합하자면, 대체적으로 한국인보다 미국인이 이민 문제에 대해 개방적인 태도를 갖고 있음을 알 수 있다. 그러나 그 차이는 다문화 지향성 측면에서는 그다지 크지 않았으며, 특히 외국인 노동자 정책의 방향성에 대해서는 한국이 미국보다 다소 관용적인 태도를 보이고 있었다. 여러 연구들(김이선 외 2007; 황정미 외 2007; 최현 2007; 서운석 2010; 윤상우·김상돈 2010)에서 한국인들이 문화적 다양성과 이주민의 증가를 긍정적으로 인식하는 관용적 태도를 보이고 있지만 이주민을 친구나 이웃을 넘어 국민으로 받아들이는 데는 소극적이고, 선진국이냐 개도국이냐 하는 출신 국가에 따라 수용태도에 차이가 있음을 발견하였다. 즉 한국인들은 다문화에 대한 초보적 태도를 형성해 가고 있을 뿐 아직까지 이민자와 다문화사회에 대한 일관적 인식을 확립한 것은 아니라는 지적이다(김이선 외 2007; 서운석 2011).

본 연구의 분석 결과도 선행연구의 발견과 유사한 측면이 있다. 세계가치조사는 한국인과 미국인의 이민자에 대한 태도에 대한 시계열적 분석이 가능하지 않기 때문에 구체적인 해석은 불가능하나 분석 결과를 통해 유추해 보자면 한국인들의 이민에 대한 태도는 짧은 이주의 역사를 감안했을 때는 관용적이라고 평가된다. 그러나 긴 이민 역사를 자랑하는 미국보다는 이민 문제에 대해 강경한 입장을 취하고 있음을 알 수 있다. 특히 한국인들은 외국인 노동자와 이민자를 이웃으로 받아들이는 것에 대해 거부감이 강하여 이주자들과 사회적 거리감이 큰 것으로 나타났다. 이러한 결과는 다문화 지향성이라는 보다 일반적인 차원의 이민에 대한 태도에서는 한국인들이 긍정적인 태도를 보인다는 발견과 대조된다. 즉 한국인들의 경우 이민 문제에 대해 일반적인 차원에서는 관용의 태도를 갖고 있지만, 이주자들이 나의 이웃이 되는 보다 구체적·현실적이며 개인적인 차원에서는 배타적인 태도를 보이는 이중성을 갖고 있다는 해석이 가능하다. 이는 짧은 이주의 역사로 인해 한국인들이 이민 문제에 대해 아직 일관된 태도가 형성되어 있지 않기 때문인 것으로 판단된다. 반면 미국인의 경우 한국인과 비교했을 때 일반적인 차원이나 개인적인 차원 모두에서 보다 일관적인 태도를 보여 대조를 이룬다.

5. 한국인과 미국인의 이민태도 결정 요인 분석

본 절에서는 한국인과 미국인의 이민에 대한 태도에 어떠한 요인들이 영향력을 행사하는지 살펴보았다. 특히 상징정치이론에 토대를 두고 한국인과 미국인의 국민정체성 인식이 이민태도에 대한 영향력에 있어 어떠한 차이를 보이는지 검토하였다.

분석 방법으로는 종속변수의 속성에 따라 단순회귀분석, 로짓회귀분석 및 순서로짓분석을 실시하였고, 선행연구에 기반을 두어 다음과 같은 통제 변수를 분석에 포함하였다. 첫째, 성별(여성: 0, 남성: 1)과 연령(자연연령)을 포함하였다. 이민 태도에 대한 성별과 연령의 영향력에 대해서는 상반된 주장이 공존한다(Ceobanu and Escandell 2010). 어떤 연구들은 남성일수록 이민자들에 대해 배타적인 태도를 보일 것이라고 주장한 반면(Gorodzeisky and Semyonov 2009; Quillian 1995), 또 다른 연구들은 여성이 이민 문제에 더욱 강경한 입장을 보인다고 주장하였다(Espenshade and Calhoun 1993; Citrin et al. 1990). 한편 성별은 이민에 대한 태도에 아무런 영향을 끼치지 못한다고 주장한 연구도 있다(Starr and Roberts 1982; de la Garza et al. 1991). 몇몇 연구들은 나이가 들수록 반이민 정서가 더욱 강화된다고 주장한 반면(Ceobanu and Escandell 2010; Hood et al. 1997; Hood and Morris 1998), 또 다른 연구들은 연령이 이민태도에 지속적으로 의미 있는 영향력을 행사하지 않는다고 주장하였다(Chandler and Tsai 2001; McDaniel et al. 2011).

다음으로 교육수준(1: 무학 … 9: 대학교육), 소득수준(가구당 소득수준으로 1: 저소득 … 10: 고소득), 소득에 대한 주관적인 만족도(1: 전혀 만족하지 못함 … 10: 매우 만족함)도 통제변수로서 분석에 포함하였다. 교육수준은 이민자에 대해 보다 관용적인 태도를 갖게 할 수 있다. 높은 교육수준은 개인들로 하여금 자신들의 미래에 대해 보다 자신감을 가지게 하고, 양질의 교육 과정을 통해 다른 집단에 대한 관용의 태도를 학습할 수 있게 하기 때문이다(Hernes and Knudsen 1992; Hainmueller and Hiscox 2007; McClosky and Brill 1983). 소득수준과 소득에 대한 개인적인 만족도를 통제변수로서 포함하였는데 이는 경제이익 이론을 바탕으로 한 일련의 연구들(Alvarez and Butterfield 2000; Case et al. 1989; Espenshade and Calhoun 1993; Starr and Roberts 1982)이 이민자에 대한 개인의 태도는 개인의 물질적·경제적 이익에 대한 계산을 반영한다고 주장하기 때문이다. 즉, 물질적 자원과 관련하여 개인의 객관적 경제상황과 그에 대한 주관적 평가에 의해 이민자를 위협요소로 간주할 수 있다는 것이다. 따라서 물질적 자원에 대한 내국인과 이민자와의 경쟁이 치열하다고 인식할수록 이민자를 향한 부정적이고 배타적인 태도가 심화된다는 것이다. 덧붙여 정치이데올로기(1: 진보적 … 10: 보수적)도 통제변수로 분석에 포함하였다. 기존 연구들은 진보성향을 지닌 사람일수록 이민자 및 인종집단에 대해 우호적인 태도를 가진다고 주장하였다(Hjerm 2005; 엄한진 2008a; 윤상우·김상돈 2010; Semyonov et al. 2008).

분석 결과가 〈표 5-7〉에서부터 〈표 5-10〉까지에 제시되어 있다. 먼저 외국인/이민자 수용태도에 영향을 미치는 요인들을 보여 주는 〈표 5-7〉을 살펴보면, 한국인의 경우 종족적 정체성이 강한 사람일수록 외국인/이민자를 이웃으로 수용하기를 꺼리는 것으로 나타났다. 미국의 경우에도 종족적 정체성을 가진 개인들은 외국인/이민자를 이웃으로서 수용하지 않는 태도를 보인다. 흥미로운 점은 바로 시

〈표 5-7〉 국가정체성 인식과 외국인/이민자 수용태도

구분	한국	미국
종족적 정체성	−.166***(.048)	−.349***(.060)
시민적 정체성	.031(.060)	−.213*(.117)
성별	−.248**(.127)	−.064(.175)
연령	.005(.006)	−.004(.005)
교육수준	.150***(.042)	.022(.071)
소득수준에 대한 만족도	.167***(.035)	.049(.040)
소득수준	−.147***(.041)	−.002(.044)
정치이데올로기	−.089***(.032)	−.106**(.047)
상수	.049(.555)	4.681***(.814)
N	1,183	1,176
−2Log 우도	1493.243	887.936
R^2	.060	.049

주: 분석방법은 로짓분석이며, 괄호 안은 표준오차임. *p 〈 0.1, **p 〈 0.05, ***p 〈 0.01

민적 정체성 변수이다. 한국의 경우 시민적 정체성 인식은 외국인/이민자 수용태도와 관련이 없는 것으로 나타났으며, 미국의 경우 유의미한 관계를 가지는 것으로 나타났다. 즉, 시민적 정체성을 가진 미국인일수록 외국인/이민자를 이웃으로 수용하지 않을 가능성이 큰 반면, 한국의 경우 시민적 정체성 인식은 외국인/이민자를 이웃으로 수용하는 것에는 아무런 영향을 미치지 않음을 발견하였다.

통제변수의 영향력에서도 한미 간에 차이가 있었다. 한국의 경우 성별, 교육수준, 소득수준, 소득수준에 대한 주관적 만족도가 외국인/이민자 수용태도에 영향을 미치는 것으로 나타났다. 여성일수록, 교육수준과 소득수준에 대한 주관적 만족도가 높을수록 이민에 대해 개방적인 태도를 보였다. 반면에, 미국의 경우 인구통계학적·사회경제적 지위 변수는 유의미한 영향력을 행사하지 않는 것으로 나타났

〈표 5-8〉 국가정체성 인식과 외국인 노동자 정책에 대한 태도

구분	한국	미국
종족적 정체성	−.140***(.046)	−.367***(.045)
시민적 정체성	−.032(056)	−.290***(.066)
성별	−.029(.119)	−.093(.115)
연령	−.011**(.005)	.000(.004)
교육수준	.082**(.039)	.233***(.046)
소득수준에 대한 만족도	.090***(.032)	.039(.027)
소득수준	.036(.037)	−.003(.030)
정치이데올로기	−.036(.030)	−.096***(.029)
Cut point #1	−3.255***(.542)	−4.744***(.512)
Cut point #2	−.521(.526)	−1.429***(.488)
Cut point #3	3.385***(.545)	1.105**(.492)
N	1,192	1,171
Log likelihood	2155.917	171.779
Pseudo R^2	.058	.136

주: 분석방법은 순차로짓분석이며, 괄호 안은 표준오차임. *p 〈 0.1, **p 〈 0.05, ***p 〈 0.01

다. 정치이데올로기 변수는 한국과 미국 모두에서 부정적인 영향력을 행사하는 것으로 나타나, 보수적인 정치이념을 가진 미국인이나 한국인은 모두 외국인/이민자를 이웃으로 수용하지 않으려는 태도를 보였다.

다음으로 〈표 5-8〉은 외국인 노동자 정책에 대한 태도를 종속변수로 한 순차로짓분석 결과를 보여 준다. 한국의 경우 종족적 정체성이 강할수록 외국인 노동자 정책에 대해 강경한 입장을 표명하는 것으로 나타났으며 동일한 결과가 미국의 경우에도 발견되었다. 반면에 시민적 정체성 변수는 한국의 경우에는 유의미한 영향력이 없는 것으로 나타났으나, 미국의 경우 부정적인 관계, 즉 시민적 정체성이

강한 미국인일수록 외국인 노동자 정책에 대해 보다 강경한 입장을 취하는 것으로 나타났다. 이러한 결과는 〈표 5-7〉의 외국인/이민자 수용태도를 종속변수로 한 분석 결과와 동일한 것이다. 종족적 정체성은 한국과 미국 모두 이민에 대한 태도를 설명하는 데 유효하였으나 시민적 정체성은 미국에서만 설명력을 갖고 있는 것으로 나타났다. 통제변수에 대한 결과를 살펴보면 한국의 경우 연령이 낮을수록, 교육수준과 소득수준에 대한 주관적 만족도가 높을수록 보다 관용적인 외국인 노동자 정책을 지지하는 입장을 가졌다. 미국의 경우 교육수준과 정치이데올로기 변수만 유의미한 영향력을 가지는 것으로 나타나 교육수준이 높은 계층이거나 진보적인 정치이념을 가진 사람들일수록 보다 관용적인 외국인 노동자 정책을 선호하는 것을 알 수 있었다.

이어서 이민에 대한 태도의 세 번째 측면인 이민자에게 고용 우선권을 주는 것에 대한 한미 간 입장 차이를 살펴보았다. 〈표 5-9〉에 따르면, 한국인의 경우 종족적 정체성이 강할수록 이민자에게 고용 혜택을 주는 것에 반대하는 것으로 나타났다. 이는 미국인들에 대한 분석에서도 동일하게 나타났다. 한미 간의 가장 큰 차이는 한국의 경우 시민적 정체성은 이민자 고용 우선권에 대한 의견 형성에 영향을 미치지 못하는 반면에, 미국의 경우 시민적 정체성이 강할수록 이민자에게 고용 혜택을 주는 것에 반대할 가능성이 커진다는 것이다. 종족적 정체성과 시민적 정체성 모두가 미국인의 이민에 대한 태도에 영향력을 행사하지만 한국인의 경우 종족적 정체성만 유의미한 영향을 끼친다는 앞에서의 결과들이 〈표 5-9〉에서도 발견되었다.

성별, 연령, 교육수준, 소득수준에 대한 주관적 만족도가 한국의 경우에는 이민자 고용 우선권에 대한 의견에 영향을 미치지만, 미국의 경우는 그렇지 못하였다. 이러한 결과도 앞의 분석 결과에서 일관

〈표 5-9〉 국가정체성 인식과 이민자 고용 우선권에 대한 의견

구분	한국	미국
종족적 정체성	−.119**(.057)	−.238***(.046)
시민적 정체성	−.065(.066)	−.420***(.065)
성별	−.465***(.143)	−.033(.118)
연령	−.015**(.007)	−.002(.004)
교육수준	.087*(.053)	.068(.047)
소득수준에 대한 만족도	.120***(.040)	.013(.028)
소득수준	−.067(.046)	.040(.031)
정치이데올로기	.028(.037)	−.092***(.030)
Cut point #1	.874(.666)	−2.637***(.497)
Cut point #2	3.116***(.682)	−1.423***(.493)
N	1,196	1,175
Log likelihood	1451.038	2163.468
Pseudo R^2	.042	.093

주: 분석방법은 순차로짓분석이며, 괄호 안은 표준오차임. *p 〈 0.1, **p 〈 0.05, ***p 〈 0.01

되게 나타난 것과 동일하다.

마지막으로 〈표 5-10〉은 한미 간의 다문화 지향성에 대한 인식을 비교한 것이다. 흥미롭게도 종족적 정체성과 시민적 정체성은 미국인의 다문화 지향성에 부정적 영향을 끼치지만, 한국인의 경우 종족적 정체성만 영향을 끼치는 것으로 나타났다. 이는 앞의 분석 결과와 같은 것으로, 이민에 대한 네 가지 차원의 분석에서 일관되게 동일한 결과가 나왔다는 것은 본 연구의 모델이 강한 설명력을 가졌음을 뜻한다. 통제변수들 역시 한국에 대한 분석에서 더 많은 통제변수가 영향력을 행사하는 것으로 나왔다. 한국의 경우 여성일수록, 나이가 어릴수록, 교육수준이 높을수록, 소득수준에 대한 만족도가 높을수록, 그리고 진보적 이데올로기를 가질수록 다문화 지향성이 높은

〈표 5-10〉 국가정체성 인식과 다문화 지향성

구분	한국	미국
종족적 정체성	−.191***(.046)	−.315***(.051)
시민적 정체성	−.071(.056)	−.140*(.079)
성별	−.243**(.120)	−.210(.139)
연령	−.012**(.006)	−.005(.004)
교육수준	.089**(.040)	.339***(.055)
소득수준에 대한 만족도	.136***(.032)	.037(.033)
소득수준	-.031(.038)	.114***(.035)
정치이데올로기	−.136***(.030)	−.111***(.035)
상수	7.152(.538)	6.704(.587)
N	1,197	1,175
Adjusted R^2	.099	.115

주: 분석방법은 단순회귀분석이며, 괄호 안은 표준오차임. *p 〈 0.1, **p 〈 0.05, ***p 〈 0.01

것으로 나타났다. 반면 미국의 경우에는 교육수준과 소득수준, 그리고 정치이데올로기만 통계적으로 유의미한 영향력을 가지는 것으로 나타났다.

6. 결론 및 함의

오늘날 많은 국민국가가 다문화사회로의 전환이라는 동일한 경로를 밟아 가고 있다(김남국 2007). 세계화는 전 세계적 차원에서 국경을 초월한 대규모 인구 이동을 야기했고 국민국가의 내부적 일치성을 현격히 감소시키는 거부할 수 없는 과정을 많은 나라들이 겪고 있다(이명진 외 2010). 한국과 미국도 이러한 변화의 과정을 겪고 있다. 특히 단일민족 전통이 강조되던 한국의 경우 외국인의 국내 유입 급증은 사회 전반에 전에 없던 총체적 변화를 야기하였다. 결혼 이주 여성, 다문화 가족 자녀, 외국 국적 동포 등이 한국 국민으로 포함됨에 따라 민족과 국적이 불일치하는 현상이 대두되어 한국인됨(Koreaness)에 대한 개념을 새롭게 정립해야 할 필요성이 증가하고 있다(윤인진 · 송영호 2011). 본 연구는 한국인의 국가정체성이 어떠한 식으로 이주자의 유입이라는 사회현상에 대해 인식하고 있는지를 미국과의 비교분석을 통해 살펴보았다. 다문화사회의 건전한 기초를 닦기 위해서는 시민들의 가치관의 변화가 이루어져야 하고, 이를 위해 보다 근본적으로 이주자에 대한 태도의 실체가 무엇인지를 파악하는 것이 필요하다. 따라서 국가정체성 인식이라는 근원적이고 심리적인 측면을 통해 이민자에 대한 태도를 살펴본 이 연구는 적지 않은 의미를 갖는다. 또한 대표적인 이민 국가로서 다문화 모델의 전형이라 칭해지는 미국과의 비교는 한국인의 이민에 대한 인식의 현주소를 보다 깊이 있게 검토할 수 있는 토대를 제공하였다.

연구 결과를 요약하자면, 한국인들의 경우 국민과 민족을 동일시하던 전통적인 사고방식에서 벗어나 미국인들처럼 이 둘을 구분하여 인식하고 있는 것으로 나타났다.[8] 미국인과 한국인은 시민적 정체성과 종족적 정체성을 동시에 갖고 있었으며, 이민에 대한 태도에서는 미국인들이 한국인들보다 더 관용적인 태도를 보였다. 이민에 대한 태도에 영향을 미치는 요인을 분석한 결과, 상징정치이론이 주장하듯이 국민정체성에 대한 인식이 중요한 역할을 하는 것으로 나타났다.

한미 간 가장 뚜렷한 차이는 미국인들은 종족적 정체성과 시민적 정체성이 모두 이민에 대한 태도에 영향을 미치는 반면, 한국인들은

8 이러한 결과는 윤인진·송영호(2011)가 발견한 것과 동일하다.

종족적 정체성만 영향력을 행사한다는 것이다. 제시된 네 모델에서 일관되게 동일한 결과가 발견되었다. 이러한 결과는 한국인들이 미국인들과 비교하여 상대적으로 이민 문제를 인식하는 데 있어 국민정체성 인식의 종족적 요인을 중요하게 생각한다는 것을 뜻한다.

한국인들과 미국인들 간에 왜 이러한 차이가 나타나는지에 대해서는 보다 정교한 여론조사 자료를 통한 추가적인 분석이 필요하다. 이를 추후 작업으로 미뤄 두고 여기서는 간단하게 두 가지 이유를 제시해 보고자 한다. 첫째, 한국사회가 순혈주의적 전통이 강하고 강력한 단일민족의식을 견지하기 때문인 것으로 판단된다. 한국인들은 오랜 기간 동안 단일민족이라는 국민정체성을 자부심으로 여기며 살아왔다. 따라서 혈통과 조상의 공유는 '우리 민족'과 '다른 민족'을 구분하는 데 거의 유일한 기준으로 작용하였다(이명진 외 2010). 한 민족 한 국가 원칙에 입각한 근대 민족국가의 원리에 충실했던 과거와 단일민족국가라는 오랜 자부심은 여전히 한국인들로 하여금 국가를 동질적인 집단으로 전제하게 하고 있다(이명진 외 2010). 한국사회에서 '이민' 또는 '이주'라는 보편적인 용어가 사용되는 대신 '다문화'라는 표현이 사회적 담론을 압도하고 있는 데에서도 단일민족과 순혈주의적 전통을 중요시하는 배타성을 엿볼 수 있다. 따라서 이민에 대한 태도를 형성하는 데 있어서도 선택적·자발적 요인보다는 귀속적 요인이 압도적인 역할을 하는 것으로 보인다. 한편 미국의 경우 단일민족이라는 개념이 존재하지 않기 때문에 이민에 대한 태도를 형성하는 데 있어서도 공통 조상과 혈통을 중시하기도 하고 관습과 제도의 준수를 강조하기도 하는 이중적인 기준이 동시에 존재한다고 할 수 있다.

둘째는 한국은 이주의 역사가 짧은 반면 미국은 긴 이주의 역사를 가진 것이 원인이 될 수 있다. 한국은 오랜 기간 이민 국가가 아니었다. 2000년대 들어와서야 저출산과 고령화에 대한 우려와 실질적인 노동력 부족, 결혼 시장에서의 남녀불균형 등과 맞물려 외국인의 국내유입이 급증하였다. 따라서 한국인들은 다문화사회에 대한 인식을 형성할 충분한 기회가 없었다(서운석 2011). 또한 한국으로의 주된 이주 형태인 노동이민의 경우 미국과는 달리 가족을 동반하거나 가족이 합류하는 가족이민이 아니라 단독이민의 형태를 띠고 있으며 한국의 이주 모델은 유럽의 이념형적인 모델인 '손님노동자' 모델에 보다 가까운 것으로 이민자의 한국사회로의 동화 및 통합은 한국사회의 주된 이슈가 아니었다(엄한진 2008b). 반면 미국은 근대 국가 중 최초이자 최대의 이민 국가이다(이기범 2009). 미국은 문화적 다원주의를 기본 정책으로 하여 오랫동안 이민 이슈가 정치과정에 진입해 있었기 때문에 미국인들이 이민 문제에 대한 태도를 형성하고 그 태도가 진화되는 과정을 겪을 충분한 시간이 존재했다고 볼 수 있다. 따라서 한국인들은 쉽게 눈에 보이고 판단이 용이한 조상이나 혈통에 기반을 두어 이민 문제를 인식하는 데 비해, 미국인들은 귀속적 요인 외에 시민적 요인에도 기반을 두어 이민 문제에 대한 자신의 태도를 결정한다고 할 수 있다. 요컨대, 이민이 보편화된 미국에 비해 단일민족국가의 이념형에 가까운 형태를 유지해 온 한국의 특수성으로 인해 종족적·귀속적 요인을 중요시 여기는 폐쇄성이 강하게 작용하고 있음을 보여 준다. 이러한 기본적 조건들이 양국에서 나타나는 이민 문제에 대한 개인들의 태도 차이를 결정한다고 본다.

덧붙여, 경험적 분석 결과는 교육이 이민에 대한 태도에 미치는 영향력에 대한 흥미로운 시사점을 제공한다. 네 번의 모든 분석에서 한국의 경우 교육수준이 높을수록 이민에 대해 긍정적인 태도를 갖고 있는 것으로 나타났다. 미국의 경우는 네 번의 분석 중 오직 두 번만 교육의 유의미한 영향력을 보여 주었다. 교육수준이 높은 한국인일수록 이민자에 대해 긍정적으로 인식한다는 결과(김진희 2007)도 있는 반면, 오히려 소수집단을 더욱 부정적으로 평가한다는 연구 결과(김혜숙 2007)도 있다. 이 연구의 분석 결과는 전자를 지지하지만 교육수준이 높은 한국인들이 왜 이민자를 긍정적으로 평가하는지에 대해서는 앞으로 더욱 연구가 필요한 부분이다. 경쟁상대가 되지 못하는 이민자에 대한 고학력층의 봐주기식 관대함 또는 동정에서 비롯된 것인지, 아니면 그들의 진보적 가치관에서 비롯된 것인지(이명진 외 2010)에 따라 교육이 이민에 대한 태도에 미치는 영향력에 대해서는 여러 가지 색깔의 해석이 가능하기 때문이다.

마지막으로 이 연구가 가진 한계점과 차후 연구과제에 대해 논의하고자 한다. 첫째, 다국가 간 비교 연구가 필요하다. 본 연구의 결과가 뒷받침하듯이 이민자에 대한 부정적 반응이 민족국가의 보편적 특성이라고 해도 그 내적 본질은 국가마다 다른 양상을 띤다(이명진 외 2010). 한국과 미국도 서로 뚜렷한 차이를 보였다. 앞으로 한국과 미국 이외에 더 많은 나라를 포함하는 다국가 간 비교 분석을 통해 이민 문제에 대한 태도에 있어 국가별 차이를 검토하는 작업이 절실히 필요하다. 이를 통해 이민 문제에 대한 개인들의 태도를 설명하는 일반이론의 정립이 가능할 것이다.

둘째, 보다 정교한 설문조사를 통해 이민에 대한 광범위한 사회 전반의 인식을 파악하는 후속 연구가 필요하다. 한국의 외국인 관련 정책은 외국인 노동자와 결혼 이주 여성에 대해 상이한 노선을 견지해 온 특징을 갖고 있다.[9] 저임금 외국인 노동자에 대해서는 정주

---

9 한국의 경우 미국과 비교했을 때 이민자 중 결혼 이주 여성의 비중이 크다. 결혼 이민자의 수는 현재 약 10만 명 정도로 전체 한국 거주 외국인의 14%에 이른다(엄한진 2008b). 이는 농촌 총각 문제라는 한국사회의 특수한 상황에서 기인하는 것으로 외국인 노동자보다 결혼 이주 여성에게 집중되는 불균등한 사회적 관심이 어찌 보면 당연하게

를 원칙적으로 봉쇄하는 차별배제 모형의 색채가 짙었던 반면, 생명을 잉태해 주는 결혼 이주 여성에 대해서는 표면적이나마 적극적인 수용과 공존을 강조하는 다문화주의 모델이 주창되곤 했다(이명진 외 2010; 엄한진 2008b). 정부의 정책처럼 한국인들도 외국인 노동자보다 결혼 이주 여성에 대해 더욱 호의적인 태도를 보일 수 있다. 세계가치조사에는 외국인 노동자와 결혼 이주 여성을 분리하여 이들에 대한 개인들의 의견을 물어보는 설문항이 존재하지 않는다. 이러한 한계점으로 인해 본 연구에서 한국인들의 이민에 대한 태도에 있어 이민자의 출신국가나 특성에 따른 차이를 살펴보는 것이 가능하지 않았다. 앞으로 본 연구를 더욱 발전시킨 후속 연구를 통해 개인들의 국가정체성과 이민태도에 관한 보다 깊은 이해가 가능하리라고 본다.

여겨질 수도 있으나(엄한진 2008b), 외국인 노동자에 대한 한국사회의 놀랄 만한 무관심은 외국인 노동자가 국내 이주자의 절대 다수를 차지하고 있다는 점에서 큰 문제가 아닐 수 없다.

참고문헌

김남국. 2007.「한국에서 다문화주의 논의의 전개와 수용」(서평).『경제와 사회』 80: 343-361.

김이선·황정미·이진영. 2007.『다민족·다문화 사회로의 이행을 위한 정책 패러다임 구축(I): 한국사회의 수용 현실과 정책과제』. 한국여성정책연구원.

김진희. 2007.「서울 시민의 다문화 사회로 가기 위한 외국인에 대한 사회적 태도연구」.『사회복지학생연구논총』 2: 1-32.

김현미. 2005.『글로벌 시대의 문화번역』. 서울: 또 하나의 문화.

김혜숙. 2007.「우리나라 사람들이 가지는 가치가 소수 집단에 대한 편견적 태도에 미치는 영향」.『한국심리학회지: 사회 및 성격』 21(4): 91-104.

법무부. 2013.『출입국·외국인 정책 통계월보』 1월호.

서운석. 2010.「한국인의 다문화 인식 현황: 연령별 비교를 중심으로」.『다문화와 평화』 4(1): 11-39.

서운석. 2011.「외국인 노동자/이민자 수용태도에 대한 인과관계 분석: 한국·중국·미국 비교를 중심으로」.『다문화사회연구』 4(1): 103-129.

엄한진. 2008a.「다문화를 통해 본 한국사회: 이주민에 대한 관용의 성격과 사회적 배경」.『2008년 한국사회학회 건국60주년 기념 특별 심포지엄 논문집』.

엄한진. 2008b.「한국 이민담론의 분절성」.『아세아 연구』 51(2): 112-259.

윤상우·김상돈. 2010.「사회적 가치관이 한국의 다문화 수용성에 미치는 영향」.『사회과학연구』 36(1): 91-117.

윤인진·송영호. 2011.「한국인의 국민정체성에 대한 인식과 다문화 수용성」.『통일문제연구』 55: 143-192.

윤종빈·정회옥. 2013.「국민정체성의 정치적 영향력에 관한 연구」.『국제 · 지역연구』 22(4): 75-97.

이기범. 2009.「미국의 이민정책과 사회통합」.『다문화사회연구』 2(1): 67-92.

이명진·최유정·최샛별. 2010.「다문화 사회와 외국인에 대한 사회적 거리」.『조사연구』 11(1): 63-85.

장미혜·김혜영·정승화·김효정. 2008.『다민족·다문화사회로의 이행을 위한 정책 패러다임 구축』. 서울: 한국여성정책연구원.

최샛별·이명진·김재온. 2003. 「한국의 가족 관련 사회정체성 연구: 감정조절이론(ACT)의 수정 적용을 중심으로」. 『한국사회학』 37(5): 1-30.

최현. 2007. 「한국인의 다문화 시티즌십(multicultural citizenship): 다문화의식을 중심으로」. 『시민사회와 NGO』 5(2): 147-173.

황정미·김이선·이명진·최현·이동주. 2007. 『한국 사회의 다민족, 다문화 지향성에 대한 조사 연구』. 서울: 한국여성정책연구원.

Alvarez, R. M., and T. L. Butterfield. 2000. "The Resurgence of Nativism in California? The Case of Proposition 187 and Illegal Immigration." *Social Science Quarterly* 81: 167-179.

Brubaker, R. 1992. *Citizenship and Nationhood in France and Germany*. Cambridge: Harvard University Press.

Case, C. E., A. M. Greeley, and S. Fuchs. 1989. "Social Determinants of Racial Prejudice." *Sociological Perspectives* 32: 469-483.

Ceobanu, Alin M., and Xavier Escandell. 2010. "Comparative Analyses of Public Attitudes toward Immigrants and Immigration Using Multinational Survey Data: A Review of Theories and Research." *Annual Review of Sociology* 36: 309-328.

Chandler, C. R., and Y. Tsai. 2001. "Social Factors Influencing Immigration Attitudes: An Analysis of Data from the General Social Survey." *Social Science Journal* 38: 177-188.

Citrin, Jack, B. Reingold, E. Walters, and Donald Philip Green. 1990. "The 'Official English' Movement and the Symbolic Politics of Language in the United States." *Western Political Quarterly* 43: 535-559.

de la Garza, Rodolfo O., Jerry L. Polinard, Robert D. Wrinkle, and Tomás Longoria, Jr. 1991. "Understanding Intra-Ethnic Attitude Variations: Mexican Origin Populations Views on Immigration." *Social Science Quarterly* 72: 379-387.

Espenshade, Thomas J., and Charles A. Calhoun. 1993. "An Analysis of Public Opinion toward Undocumented Immigration." *Population Research and Policy Review* 12: 189-224.

Gorodzeisky, A., and M. Semyonov. 2009. "Terms of Exclusion: Public Views towards Admission and Allocation of Rights to Immigrants in European Countries." *Ethnic and Racial Studies* 32(1): 401-423.

Hainmueller, Jens, and Michael J. Hiscox. 2007. "Educated Preferences: Explaining Attitudes toward Immigration in Europe." *International Organization* 61(2): 399-442.

Heath, A., and J. Tilley. 2005. "British National Identity and Attitudes towards Immigration." *International Journal on Multicultural Societies* 7(2): 119-132.

Hernes, Gudmund, and Knud Knudsen. 1992. "Norwegians' Attitudes toward New Immigrants." *Acta Sociologica* 35: 123-139.

Herring, M., Thomas B. Jankowski, and R. Brown. 1999. "Pro-Black Doesn't Mean Anti-White: The Structure of African-American Group Identity." *The Journal of Politics* 61(2): 363-386.

Hjerm, M. 1998. "National Identities, National Pride and Xenophobia: A Comparison of Four Western Countries." *Act Sociological* 41(4): 335-347.

Hjerm, M. 2005. "What the Future May Bring: Xenophobia among Swedish Adolescents." *Acta Sociologica* 48(4): 292-307.

Hood, M. V., III, and Irwin L. Morris. 1998. "Give Us Your Tired, Your Poor, ... But Make Sure They Have a Green Card: The Effects of Documented and Undocumented Migrant Context on Anglo Opinion Towards Immigration." *Political Behavior* 20(1): 1-15.

Hood, M. V., III, Irwin L. Morris, and Kurt A. Shirkey. 1997. "¡Quedate o Vente!: Uncovering the Determinants of Hispanic Public Opinion toward Immigration." *Political Research Quarterly* 50(3): 627-647.

Jeong, Hoi Ok. 2013. "Do National Feelings Influence Public Attitudes toward Immigration?" *Journal of Ethnic and Migration Studies* 39(9): 1461-1477.

Jones, F. L., and Smith, F. 2001. "Individual and Societal Bases of National Identity: A Comparative Multilevel Analysis." *European Sociological Review* 17(2): 103-118.

McClosky, Herbert, and Alida Brill. 1983. *Dimensions of Tolerance: What Americans Believe about Civil Liberties*. New York: Russell Sage Foundation.

McDaniel, Eric Leon, Irfan Nooruddin, and Allyson Faith Shortle. 2011. "Divine Boundaries: How Religion Shape Citizens' Attitudes toward Immigrants." *American Politics Research* 39(1): 205-233.

Oliver, J. E., and J. Wong. 2003. "Intergroup Prejudice in Multiethnic Settings." *American Journal of Political Science* 47(4): 567-581.

Quillian, L. 1995. "Prejudice as a Response to Perceived Threat: Population Composition and Anti-immigrant and Racial Prejudice in Europe." *American Sociological Review* 60(4): 586-611.

Semyonov, M., R. Raijman, and A. Gorodzeisky. 2008. "Foreigners' Impact on European Societies. Public Views and Perceptions in a Cross-National Comparative Perspective." *International Journal of Comparative Sociology* 49(1): 5-29.

Shulman, S. 2002. "Challenging the Civic/Ethnic and West/East Dichotomies in the Study of Nationalism." *Comparative Political Studies* 35(5): 554-585.

Smith, A. D. 1991. *National Identity*. London: Penguin Books.

Starr, Paul D., and Alden E. Roberts. 1982. "Attitudes toward New Americans: Perceptions of Indo-Chinese in Nine Cities." *Research in Race and Ethnic Relations* 3: 165-186.

World Values Survey 2005 OFFICIAL DATA FILE v.20090901, 2009.

찾아보기

ㅇ

ㅈ

A–Z

Politics of Korea and the United States: Challenges and Changes

Jae Mook Lee, Jungkun Seo, Sung-jin Yoo
Kwang-Il Yoon, and Hoi Ok Jeong

Korean and U.S. politics have interesting similarities and differences. And, historically, Korean politics has been heavily affected by U.S. politics; thus, the experiences from the United States could be utilized as an important lesson for Korean politics. Taking a comparative perspective, this book is an examination of the critical areas in the political processes and other significant issues in the two countries. We focus on three areas and two issues in the political processes of the two countries. In terms of the three areas, political parties, congress, and social movements in the respective countries are investigated, which are the three indispensable elements of the political processes of modern democracy. The two issues examined are social welfare and immigration, which have recently been gaining salience in both countries. Through this examination, we attempt to illuminate the characteristics of each countries' politics and create new insights into the politics of the two countries. Furthermore, we aim to offer meaningful implications for Korean politics and provide practical solutions for the development of Korean politics.

저자 소개

이재묵

연세대학교 정치외교학과 및 같은 대학 대학원을 졸업하고 미국 아이오와 대학에서 미국 정치에 있어서 엘리트 및 대중 양극화 연구로 정치학 박사학위를 받았다. 공군사관학교 전임강사를 역임하였고, 현재 연세대학교 국가관리연구원 박사후연구원으로 재직 중이며, 건국대, 숭실대, 연세대 등에서 강의하고 있다. 주요 연구 업적으로는 「제18대 대통령선거 후보자 TV 토론회 분석: 제도, 현실, 효과」(『한국정당학회보』 제12권 2호, 2013), 「2012년 미국 대선과 공화당의 과제」(『미국학』 제36권 1호, 2013), "Elite Polarization and Mass Political Engagemenet"(*Journal of International and Area Studies*, 2013), "Job Satisfaction in Academia: Why Are Some Faculty Members Happier Than Others?"(*PS: Political Science and Politics*, 2013) 등이 있다.

서정건

서울대학교 정치학과를 졸업한 후 미국 텍사스 주립대(Austin)에서 미국 정당과 의회 정치, 미국 외교정책 연구로 정치학 박사학위를 받았다. 노스캐롤라이나 주립대(Wilmington) 교수를 거친 후 현재 경희대학교 정치외교학과 교수로 재직하고 있다. 주요 논문으로는 "The China Card: Playing Politics with Sino-American Relations"(*Political Science Quarterly*, 2012), "Wedge Issue Dynamics and Party Position Shifts: Chinese Exclusion Debates in the post-Reconstruction U.S. Congress, 1879-1882"(*Party Politics*, 2011), "Vote Switching on Foreign Policy in the U.S. House of Representatives"(*American Politics Research*, 2010) 등이 있고, *Journal of Legislative Studies*, *Journal of American Studies*, *Korean Journal of Defense Analysis*, *Asian Perspective* 등에도 논문을 발표하였다.

유성진

서울대학교 외교학과와 같은 대학 대학원을 졸업하고 미국 뉴욕주립대(Stony Brook)에서 유권자의 정당과 후보인식과 정치참여에 관한 논문으로 정치학 박사학위를 받았다. 이화여자대학교 정치외교학과 BK21 박사후연구원을 거쳐 2010년부터 이화여자대학교 스크랜튼학부 교수로 재직하고 있다. 주요 논문으로는 "Two Types of

Neutrality: Ambivalence vs. Indifference and Political Participation"(*Journal of Politics*, 2010), 「한국사회 정치적 관용에 대한 경험적 분석」(『국가전략』 제17권 2호, 2011), 「오바마 이후 미국 의회, 양극화는 완화되었나?」(『한국정당학회보』 제11권 3호, 2012), 「정치신뢰와 풀뿌리유권자운동: 티파티운동의 사례를 중심으로」(『미국학논집』 제45권 1호, 2013) 등이 있다.

윤광일

서울대학교 정치학과와 같은 대학 대학원을 졸업한 뒤 미국 미시간대학(Ann Arbor)에서 개인주의와 집단주의의 정치문화 연구로 정치학 박사학위를 받았다. 미국정치, 정치심리학, 정치학방법론 등을 주된 연구주제로 다룬다. 현재 숙명여자대학교 정치외교학과 교수로 재직하고 있다. 저서로는 『2012년 대통령선거 분석』(공저, 2013), 『미국 정부와 정치 2』(공저, 2013) 등이 있고 미국정치와 한국정치에 관한 여러 편의 논문을 발표하였다.

정회옥

이화여자대학교 정치외교학과와 같은 대학 대학원을 졸업하고 미국 아이오와 대학에서 소수인종의 정치참여에 관한 논문으로 정치학 박사학위를 받았다. 동국대학교 강의교수를 거쳐 2013년부터 명지대학교 정치외교학과 교수로 재직하고 있다. 주요 논문으로는 "Minority Policies and Political Participation among Latinos: Exploring Latinos' Response to Substantive Representation"(*Social Science Quarterly*, 2013), "From Civic Participation to Political Participation"(*Voluntas: International Journal of Voluntary and Nonprofit Organizations*, 2013), "Religious Involvement and Group Identification: The Case of Hispanics in the United States"(*Social Science Journal*, 2014) 등이 있다.